Snel geld verdienen in een week

30 Manieren om snel geld te verdienen in slechts één week.

SNEL GELD VERDIENEN IN EEN WEEK

Door: D.K. Hawkins
Serie "Snel geld"
Versie 1.1 ~november 2022
Gepubliceerd door D.K. Hawkins bij KDP
Copyright ©2022 door D.K. Hawkins. Alle rechten voorbehouden.

Niets uit deze uitgave mag worden verveelvoudigd, verspreid of overgedragen in enige vorm of op enige wijze, waaronder fotokopieën, opnamen of andere elektronische of mechanische methoden of via enig informatieopslag- of gegevenszoeksysteem, zonder voorafgaande schriftelijke toestemming van de uitgevers, behalve in het geval van zeer korte citaten in kritische recensies en bepaald ander niet-commercieel gebruik dat door de auteurswet is toegestaan.

Alle rechten voorbehouden, inclusief het recht op gehele of gedeeltelijke reproductie in welke vorm dan ook.

Alle informatie in dit boek is zorgvuldig onderzocht en gecontroleerd op feitelijke juistheid. De auteur en uitgever geven echter geen garantie, expliciet of impliciet, dat de informatie in dit boek geschikt is voor elk individu, situatie of doel en aanvaarden geen verantwoordelijkheid voor fouten of weglatingen.

De lezer aanvaardt het risico en de volledige verantwoordelijkheid voor alle handelingen. De auteur is niet verantwoordelijk voor enig verlies of schade, hetzij gevolgschade, incidenteel, speciaal of anderszins, die kan voortvloeien uit de informatie in dit boek.

Alle afbeeldingen zijn vrij te gebruiken of gekocht van stockfotosites of vrij van royalty's voor commercieel gebruik. Ik heb me voor dit boek gebaseerd op mijn eigen waarnemingen en op vele verschillende bronnen, en ik heb mijn best gedaan om de feiten te controleren en de eer te geven waar die toekomt. In het geval dat materiaal is gebruikt zonder de juiste toestemming, neem dan contact met mij op zodat de vergissing kan worden gecorrigeerd.

De informatie in dit boek dient uitsluitend ter informatie en is niet bedoeld als bron van advies of kredietanalyse met betrekking tot het gepresenteerde materiaal. De informatie en/of documenten in dit boek vormen geen juridisch of financieel advies en mogen nooit worden gebruikt zonder eerst een financiële professional te raadplegen om te bepalen wat het beste is voor uw individuele behoeften.

De uitgever en de auteur geven geen enkele garantie of andere belofte met betrekking tot de resultaten die kunnen worden verkregen door het gebruik van de inhoud van dit boek. U mag nooit een investeringsbeslissing nemen zonder eerst uw eigen financieel adviseur te raadplegen en uw eigen onderzoek en due diligence uit te voeren. Voor zover wettelijk toegestaan wijzen de uitgever en de auteur alle aansprakelijkheid af in het geval dat informatie, commentaar, analyse, meningen, adviezen en/of aanbevelingen in dit boek onnauwkeurig, onvolledig of onbetrouwbaar blijken te zijn of resulteren in beleggings- of andere verliezen.

De inhoud van dit boek is niet bedoeld als en vormt geen juridisch advies of beleggingsadvies, en er wordt geen advocaat-cliënt relatie gevormd. De uitgever en de auteur verstrekken dit boek en de inhoud ervan op een "as is" basis. Uw gebruik van de informatie in dit boek is op eigen risico.

INHOUDSOPGAVE.

INHOUDSOPGAVE. 4

INLEIDING. 6

VERSCHILLENDE MANIEREN OM SNEL GELD TE VERDIENEN IN
SLECHTS ÉÉN WEEK. 9

   1. EEN ARTIKEL DIRECTORY BEGINNEN. 9

   2. ONLINE FOREX TRADING. 15

   3. AFFILIATE MARKETING. 19

   4. HET PLAATSEN VAN ADVERTENTIES OP GRATIS WEBSITES.
   22

   5. OPZET NICHE-CAMPAGNE. 28

   6. FREELANCE SCHRIJVEN. 31

   7. BLOGGING. 34

   8. INTERNETMARKETING. 36

   9. VIDEOMARKETING. 39

   10. FOTOSHOP. 43

   11. STOCKFOTOGRAFIE. 45

   12. CRAIGSLIST. 49

   13. BEZORGDIENST. 52

   14. HET ONTWIKKELEN VAN EEN GEHEIME
   VERKOOPTRECHTER. 53

   15. BETAALD ONDERZOEK DOEN. 57

   16. HUISMERKPRODUCTEN. 61

17. VERKOOP VAN KUNSTWERKEN. 64
18. PODCAST. 70
19. GOOGLE ADSENSE. 75
20. PENNY STOCKS. 78
21. FORUM. 80
22. HOME-BASED DATA ENTRY JOBS. 85
23. EBOOK SCHRIJVEN. 88
24. VERKOPEN OP EBAY. 90
25. WEBINARS ORGANISEREN. 92
26. DOMEIN FLIPPING. 96
27. PRODUCTLANCERING. 97
28. LIDMAATSCHAPSWEBSITES. 99
29. EERSTEKLAS PROGRAMMA'S. 101
30. ONLINE BEGELEIDING. 105
CONCLUSIE. 111

INLEIDING.

Je kunt binnen een week beginnen met geld verdienen. Je eerste online of offline inkomen binnen een week krijgen is normaal als je ervoor hebt gekozen om online en offline te werken en geld te verdienen, of je doel nu een fulltime baan is of gewoon extra bestedingsgeld.

Waarom zeg ik dit? Omdat ik het de afgelopen jaren vaak heb meegemaakt toen ik mensen hielp aan de slag te gaan met online en offline geld verdienen.

Zelden zie ik iemand wiens doel het is om online of offline te werken en geld te verdienen en die een aanzienlijke hoeveelheid geld heeft om te investeren om te beginnen. De meesten beginnen liever zonder veel geld of gespecialiseerde vaardigheden.

Dit klinkt misschien als een verheven opdracht, maar gelukkig kan daaraan worden voldaan. Het hoeft niet te verbazen dat online en offline geld verdienen zonder geld of vaardigheden vaak "zwerversmarketing" wordt genoemd.

Je hebt alles wat je nodig hebt om je online en offline business te starten als je een computer en internet bezit of er toegang toe hebt. Het ontbreekt u alleen aan duidelijke, stapsgewijze aanwijzingen over hoe u de taak moet uitvoeren. De meeste mensen doen een uitgebreide studie over online en offline geld verdienen, maar beginnen er nooit aan. Misschien hebben ze gewoon geen vertrouwen in hun kunnen.

Er zijn zoveel items in de wereld (ja, de WERELD, niet alleen uw stad, staat of land) dat ik ze zelfs met de hulp van duizend van mijn beste vrienden onmogelijk allemaal zou kunnen promoten, en als u veel talen spreekt, WOW, hebt u nog meer mogelijkheden.

Om binnen een week geld te gaan verdienen, moet je meteen aan de slag. Je kunt dan toch niet een maand gaan studeren?

Ik pleit ervoor om dit boek grondig te lezen, zodat je in de kortste tijd de meeste informatie in je opneemt met de top 30 manieren om snel geld te verdienen binnen een week. Het vergt ook de minste inspanning van jou.

Ben je klaar om te beginnen? Lees dan snel verder........................

VERSCHILLENDE MANIEREN OM SNEL GELD TE VERDIENEN IN SLECHTS ÉÉN WEEK.

1. EEN ARTIKEL DIRECTORY BEGINNEN.

Dit vergt iets meer inspanning, maar is vrij eenvoudig. Wat zoeken internetgebruikers? Informatie en veel informatie!

Om een artikeldirectory te beginnen, hoef je alleen maar een basiswebsite te maken en gratis inzendingen van schrijvers te vragen. De meeste schrijvers van artikelen promoten iets als ebooks, seminars, software en workshops. Ze zijn altijd op zoek naar gratis of goedkope publiciteit.

Binnenkort heb je toegang tot duizenden pagina's met inhoud. Hoe gaat u geld verdienen? Voeg Google-advertenties toe (details hieronder). U verdient geld telkens als iemand op een van uw advertenties klikt.

Veel artikelmappen accepteren artikelen over verschillende onderwerpen, terwijl andere zich specialiseren. Alleen jij kunt bepalen welke optie voor jou het beste is. Ik houd van gespecialiseerde directories omdat ik geloof dat, naarmate het web groeit, mensen vaker zullen terugkeren naar een directory met kwaliteitsmateriaal over één onderwerp dan een directory met veel artikelen over elk onderwerp. Zelfs als ze per categorie gescheiden zijn, zijn "allesomvattende gidsen" te overweldigend voor mij. Nogmaals, de keuze is aan jou.

Promotie en het verwerven van inhoud van hoge kwaliteit voor je website is de sleutel tot het verdienen van geld met een artikel directory. Om artikelen van hoge kwaliteit over een bepaald onderwerp te verkrijgen, moet je op het web zoeken met de juiste trefwoorden.

Neem contact op met de auteur (de meeste hebben hun contactgegevens in de resource box aan het einde van het artikel) en vraag hen om vaak artikelen in te dienen bij jouw directory. Ze zullen bijna altijd akkoord gaan.

Nu moet je website echt van de grond komen. Zodra zoekmachines uw adresboek hebben geïndexeerd, zullen vele u automatisch inhoud gaan toesturen. Zodra je een paar honderd artikelen in je adresboek hebt (en dit kan zo weinig als een paar weken duren als je er moeite voor doet), zet je die Google-advertenties op elke pagina, en voila - je hebt honderden pagina's met reclame die, elke keer als ze worden aangeklikt, inkomsten voor je genereren.

U kunt automatisch inhoud selecteren uit vele internet artikelgidsen om te beginnen. Als je zoekt naar "artikel directory," ongeveer 3,5 miljoen (ja, miljoen!) resultaten verschijnen.

Artikel Directory Software: Als u bereid bent een beetje geld uit te geven, kunt u software aanschaffen die het hele proces automatiseert.

Een zoekopdracht naar "software voor artikelgidsen" levert bijna 500.000 resultaten op. Je kunt de meeste software kopen en installeren of de uitgever het voor je laten installeren. Zelf installeren vereist een hoog niveau van technische vaardigheid.

Voordat je een artikelgids maakt, stel ik voor dat je vele uren besteedt aan het onderzoeken van het onderwerp door te lezen. Hoewel het een heel eenvoudig idee is, kan het in het begin veel werk vergen, maar het kan zich in de loop van maanden en jaren dubbel en dwars terugbetalen.

Ga naar Google.com voor meer informatie over het verwerven van de Google-advertenties die op veel websites verschijnen. Selecteer "Marketingprogramma's" (een knop met platte tekst direct onder het zoekvak). Klik op "Voor webuitgevers: Google AdSense". Klik tenslotte op "Wat is AdSense? Rapid tour" De toepassing wordt volledig onderwezen, en u kunt het binnen vijf minuten starten.

Als je ergens een passie voor hebt en je kunt je richten op een zeer gedefinieerde niche, kun je daar een blog over bouwen, wat Google AdSense-advertenties toevoegen en elke maand een paar honderd dollar verdienen zonder al te veel moeite. Wilt u meer verdienen? Zoals met alles in het leven, hoe meer tijd je investeert, hoe hoger je inkomen zal zijn.

Er is zelfs een nieuwe website, Scoopt.com, die functioneert als een literaire agent voor blogs. Waar heb ik het over? Om precies te zijn, ze "helpen je bij het verkrijgen van licenties voor het commerciële en niet-commerciële gebruik van je blog." In wezen helpen zij u de inhoud van uw site te verkopen. Bekijk de volledige informatie op hun website.

Blogs zijn niet langer beperkt tot het ventileren van uw meest recente rampzalige relatie of het mislukte werk van de kapper. Het zijn professionele middelen om geld te verdienen in het heden.

Bezoek ProBlogger.net en zoek op "Back in Skinny Jeans" om een casestudy te lezen die laat zien hoe een persoonlijke hobby kan worden omgezet in een populaire blog die geld oplevert. Het artikel zou moeten verschijnen. Het is heel interessant om te lezen.

Om een blog te maken, ga naar blogger.com, maak een account aan en begin met bloggen. Het is gratis!

Er is geen sprake van get-rich-quick scams. Mijn doel bij Inkwell Redactie is om redactionele en creatieve freelancers te helpen bij het verdienen van een leefbaar loon. Net als vele anderen zal ik nooit garanderen dat je "duizenden per maand zult verdienen door simpelweg x uit te voeren." Vertrouw niet op de hype.

Ik werk sinds 1987 in de uitgeverswereld en sinds 1993 als freelancer. Ik heb veel programma's gehoord en gebruikt. De enige manier om geld te verdienen is door voortdurend inspanningen te leveren. Het vergt tijd en inspanning, tijd en inspanning.

Het goede nieuws is dat het internet het gemakkelijker dan ooit maakt om een baan te verdienen als creatief werk, en het kan "vrij" gemakkelijk worden bereikt als je effectieve manieren kiest en ze regelmatig toepast.

2. ONLINE FOREX TRADING.

Is uw online 4forextrading tot stilstand gekomen? U voert een trade in om deze vervolgens terug te draaien, met verlies tot gevolg. Hebt u ooit een methode gewenst die consequent geld opleverde zonder dat u er voortdurend aandacht aan moest besteden? Ik heb iets dat u misschien nuttig vindt.

Dit gedeelte gaat ervan uit dat u bekend bent met online forex charting met behulp van technische studies, waaronder Exponentieel Bewegend Gemiddelde, MACD en Stochastics. Ik gebruik de gratis technische grafieken van Wizetrade Forex en MB Trading voor mijn grafiekbehoeften.

In eerste instantie, de disclaimer.

Deviezenhandel is een harde mogelijkheid die bovengemiddelde rendementen biedt aan opgeleide en ervaren handelaars die bereid zijn bovengemiddelde risico's te nemen. Voordat u ervoor kiest om in Foreign Exchange (FX) te gaan handelen, moet u uw beleggingsdoelstellingen, ervaringsniveau en risicotolerantie evalueren.

U moet nooit meer geld investeren dan u zich kunt veroorloven te verliezen. Voordat u een nieuwe strategie toepast op een echte rekening, is het gewoonlijk verstandig deze eerst op papier te testen.

Soort strategie.

Dit is een plan voor de langere termijn dat gewoonlijk één tot twee weken in beslag neemt. Het maakt gebruik van staaf- of kandelaargrafieken met Exponentieel Bewegend Gemiddelde, MACD en Stochastics als indicatoren.

De situatie.

Grafieken - 1 dag en 1 maand (balk of kandelaar) (Soms kan een grafiek met een kortere tijd een duidelijker beeld geven. Ik geef de voorkeur aan de 1 uur, 10 dagen en de 180 minuten op Wizetrade).

Exponentiële voortschrijdende gemiddelden - (3) configuraties, 4-13-50.

MACD - 5-34-7.

Waarschijnlijkheid — 13-5-5.

De industrie betreden.

Kijk naar de MACD voor bevestiging van de trendrichting. Nadat deze zijn middellijn heeft gekruist, is de indicator doorgaans betrouwbaarder.

U wilt dat de Stochastische lijnen elkaar kruisen en boven de 20 komen voor aankopen en onder de 80 voor verkopen. (Dit is soms duidelijker op grafieken met kortere intervallen).

Bestudeer nu de voortschrijdende gemiddelden. Wanneer de 4 EMA en 13 EMA de 50 EMA kruisen, in welke richting dan ook, met een goede bewegingshoek en een opening tussen de gemiddelden, is het een goed moment om in te stappen. (Dalende trends voor verkopen en stijgende trends voor aankopen).

Als aan bovenstaande voorwaarden is voldaan, overweeg dan om in te stappen.

Uw stop-loss configureren.

Plaats uw stop loss 30 tot 50 pips onder de low van de vorige dag. Dit is een brede stop loss om u in rampscenario's uit de handel te halen. Ik stel voor uw stop loss te verhogen naarmate uw transactie winst oplevert. Wat u ook doet, verlaag het niet. (Als de transactie een verkoop was, zou de stop loss boven de high van de vorige dag liggen.)

In de Business.

Observeer de handel om te bepalen of deze een weerstands- of steunniveau nadert, en houd de 4 en 13 exponentiële voortschrijdende gemiddelden in de gaten. Steun en weerstand spelen misschien geen belangrijke rol in dit type plan, maar ik zou ze toch goed in de gaten houden.

De markt verlaten.

Kijk of de 4 EMA de 13 EMA kruist in de tegenovergestelde richting van uw instap nadat u in de handel bent gekomen. Controleer of uw MACD is omgekeerd. Hoe functioneert uw stochastics? Dit zijn potentiële exit-indicatoren. Als de trend is omgekeerd, moet u uw winsten verzilveren.

U moet geduld hebben tijdens de handel en weten wanneer u moet uitstappen. De grafieken zijn er om u te helpen. Sommige leden van onze handelsgroep hebben deze methode met groot succes toegepast.

3. AFFILIATE MARKETING.

Er zijn talloze affiliate artikelen beschikbaar voor promotie. Affiliate marketing is het online promoten van een product. Nu, voor beginners, kan dit zo eenvoudig als het openen van een blog of Squidoo lens, die beide zijn vrij eenvoudig. Vervolgens verwijst u uw bezoekers naar uw affiliate link op uw website, waar zij een aankoop doen, en u wordt gecompenseerd.

Dit kan intimiderend zijn voor een starter, omdat ze moeten begrijpen hoe ze verkeer naar hun site moeten trekken en geïndexeerd worden door Google en over trefwoorden. Er zijn talloze methoden om uw website te promoten.

Als starter in affiliate marketing zult u zich aanvankelijk overweldigd voelen. De steile leercurve duurt maanden. Het goede nieuws is dat er programma's beschikbaar zijn, waarvan sommige gratis of zeer goedkoop, die uw leercurve met weken of maanden kunnen verkorten.

U moet ook kiezen wat u op de markt wilt brengen; velen kiezen voor een business-in-a-box, maar niet iedereen doet dat. Ik denk dat als je iets kunt vinden waar je enthousiast over bent, je veel meer succes zult hebben. Bedenk iets wat je leuk vindt, Google het dan met de term affiliate erbij, en ta-da! Je hebt opties. Er bestaat een affiliate programma voor vrijwel elk denkbaar product, inclusief boeken, vitaminen en elektronica.

De beste gang van zaken is om uw website te lanceren met uw affiliate link en uw opleiding te beginnen. Zo kunt u aanpassen en toepassen wat u leert naarmate u vordert, maar u moet eerst beginnen. Zodra een site operationeel is, kunt u naar een andere gaan.

Nu maak ik gemiddeld elke week een nieuwe website. Toen ik begon, kostte het me een maand om één website te maken. Dus laten we zeggen een week voor elke site, vier sites in een maand, die elk passieve inkomsten genereren terwijl u slaapt. Itereren en herhalen. Ik gebruik een marketingplan van één week, dat me op weg heeft geholpen.

Ik begon deze onderneming vijf maanden geleden parttime met beperkte eerste resultaten. Toen ik twee weken geleden werd ontslagen, besefte ik dat ik serieus moest worden. Ik heb er elke dag 10 tot 12 uur aan gewerkt om het operationeel te krijgen. Ik was een beginneling en erg in de war. In de afgelopen twee weken verdiende ik bijna hetzelfde als in mijn "echte baan", en dat was niet niks.

Het mooiste is dat ik er plezier in heb. Ik heb een gids samengesteld die uw leercurve zal verkorten en u zal helpen sneller geld te verdienen als u sneller vooruit wilt. De titel is Affiliate Marketing Made Simple. Begin sneller geld te verdienen en verkort uw leercurve.

4. HET PLAATSEN VAN ADVERTENTIES OP GRATIS WEBSITES.

Sinds 2007, heb ik het geluk om mijn hele leven online te verdienen. Het promoten van affiliate artikelen via gratis advertenties op websites zoals Craigslist en de achterpagina is een van mijn belangrijkste bronnen van inkomsten.

Het volgende zijn antwoorden op vier vragen die mij vaak worden gesteld over de back page; mijn favoriete "go to" gratis advertentie site is als je geld wilt verdienen door het plaatsen van advertenties op sites als deze.

Het hier gegeven advies is van toepassing ongeacht de website voor gratis advertenties die u gebruikt.

Antwoorden op vier veelvoorkomende zorgen over het plaatsen van gratis advertenties op Backpage.

1. Welke steden om advertenties te plaatsen: Backpage krijgt veel verkeer. Hoeveel? Volgens traffic estimate, een website die voorspelt hoeveel verkeer een website maandelijks, jaarlijks, etc. ontvangt, ontving Backpage in januari 2013 20.394.000 bezoekers.

Er zijn ongeveer 400 steden waar u advertenties kunt plaatsen, maar slechts een handvol ontvangt het meeste verkeer. Hier volgt, afhankelijk van het verkeer, de top twintig van categorieën voor het plaatsen van advertenties op de achterpagina om snel online geld te verdienen.

De beste Backpage steden voor het plaatsen van gratis advertenties.

- Miami, FL.

- Minneapolis, MN.

- New York, New York.

- Philadelphia, PA.

- Phoenix, AZ.

- San Diego, CA.

- Atlanta, GA.

- Boston, MA.

- Chicago, Illinois.

- Texas, Dallas/Fort Worth.

- Denver, CO.

- Houston, Texas.

- Las Vegas, NV.

- Los Angeles, CA.

- San Francisco, CA.

- Seattle, Washington.

- St. Louis, MO.

- Tampa, FL.

- Toronto, ON.

- Washington, District of Columbia.

Business Opportunities zijn een van de meest populaire categorieën voor het plaatsen van gratis advertenties. Dit gebied, "Business Offers," is waar de meeste affiliate kansen die u waarschijnlijk geïnteresseerd bent in het adverteren zal passen. "Geld maken" kansen zijn de meest populaire vorm van affiliate items te adverteren om snel geld te verdienen online.

2. Opmerking over categorieën: Houd u aan de normen van de site. Sommige marketeers, bijvoorbeeld, promoten zakelijke mogelijkheden onder het gebied "Vacatures". Het laatste wat een werkzoekende wil, is een advertentie tegenkomen voor een "betaalde" zakelijke mogelijkheid.

U betaalt voor kansen; u solliciteert naar banen; let op dit onderscheid. Zelfs als u denkt dat u ermee weg kunt komen door in de verkeerde categorie te posten, moet u de dienst niet op deze manier misbruiken. Het is gewoon onethisch.

3. Hoe vaak advertenties plaatsen om consistent geld te verdienen: Aan het begin van mijn affiliate

marketing carrière, plaatste ik dagelijks advertenties, waarvan ik denk dat elke newbie dat zou moeten doen om te beginnen met het maken van consistent geld (bijv. wekelijks, dan dagelijks).

FYI, gebruik andere benaderingen, zoals artikel marketing. Stel dat affiliate marketing iets is waarvan je hoopt dat het ooit een fulltime carrière wordt. In dat geval zul je waarschijnlijk veel internet marketing strategieën moeten combineren om genoeg te verdienen om dit te realiseren.

4. Hoe selecteer je succesvolle producten en/of diensten Als self-publisher verkoop ik vooral mijn ebooks en een paar "evergreen" affiliate producten.

Het belangrijkste advies dat ik kan geven voor het selecteren van winstgevende artikelen is het kiezen van artikelen waar je gepassioneerd over bent en/of waar je ervaring mee hebt. De redenering is dat het veel gemakkelijker is om "geloofwaardig" te pleiten voor producten of diensten die je leuk vindt en/of waarmee je ervaring hebt.

Er is veel troep op het internet, en consumenten kunnen nepheid ontdekken. Volg die weg niet. Affiliate marketing websites zoals CommissionJunction en Clickbank bieden duizenden producten aan waaruit u kunt kiezen om geld te verdienen via een advertentie. Maak daarom uw internet marketing beroep rond gerenommeerde merken waarin u vertrouwen hebt.

En het is maar dat u het weet, de meeste affiliate programma's zijn gratis om aan mee te doen, dus er zijn geen kosten aan verbonden.

5. OPZET NICHE-CAMPAGNE.

Je bent een internet marketeer, maar je hebt geen indrukwekkende resultaten. Zal ik je vertellen wat je nodig hebt om legitiem online geld te verdienen?

Besteed een paar minuten aan het lezen van deze post, en je kunt een passieve, winstgevende niche business hebben in minder dan een week.

Laat ik beginnen met te zeggen dat dit inspanning zal vergen; als je iets voor de eerste keer probeert, kan het moeilijker zijn. Het goede nieuws is dat als je eenmaal je eerste campagne hebt opgezet, de volgende inspanningen gemakkelijk te beheren zijn, en als je geen processen verwaarloost, zullen al je campagnes jarenlang passief geld genereren.

Dit zijn de stappen om een winstgevende niche-marketingcampagne op te zetten:

1) U moet eerst een marktniche kiezen waarin u gaat werken. Een niche is een groep individuen, waaronder nieuwe moeders, alleenstaande vaders, katteneigenaren, pasgetrouwden en vele anderen. Zorg ervoor dat je weet met welke uitdagingen individuen in dat segment te maken hebben en of ze bereid zijn geld uit te geven om ze aan te pakken.

2) Schrijf u in voor een autoresponderdienst en koop een domeinnaam. Dit kost je iets meer dan $30, maar dat is alles wat je echt nodig hebt, en je zult die fondsen binnen een week of zo terugverdienen.

3) Bereid uw squeeze page, die uw opt-in formulier heeft en biedt een gratis gids of ebook in ruil voor een e-mailadres.

4) Bereid nu het gratis ebook voor en de twee ebooks die je voor geld wilt verkopen. Schrijf drie gidsen van 10 tot 20 pagina's die boordevol nuttige informatie staan. Elk van je gidsen moet ingaan op een specifiek probleem waarmee je doelgroep wordt geconfronteerd.

5) Stel 10 tot 15 follow-up e-mails op. De eerste paar e-mails moeten alleen gratis, waardevolle inhoud bevatten; een van elke vier volgende berichten kan een promotionele boodschap aan uw abonnees zijn. Dit is precies hoe u winst zult genereren: door uw artikelen te verkopen aan personen die u vertrouwen.

6) Schrijf ten minste twintig artikelen die linken naar uw squeeze page en distribueer ze naar artikelgidsen. Dit zal ervoor zorgen dat u verkeer blijft ontvangen voor de komende jaren.

Nu dat je het hebt gemonteerd ga rusten of bouw een andere!

Als je er goed aan doet om je lijst snel op te bouwen, begin je de volgende week al geld te verdienen. Het beste aspect is dat het volledig passieve inkomsten zijn!

6. FREELANCE SCHRIJVEN.

Ja, internet freelance schrijven kan een lucratief beroep zijn. Als schrijven je passie en je talent is, kun je online extra geld verdienen. U hoeft slechts enkele essentiële aanbevelingen in gedachten te houden om de lucratieve kansen te identificeren waarmee u online een aanzienlijke hoeveelheid geld kunt verdienen.

Als u geïnteresseerd bent in het vinden van deze kansen online, hier is wat advies over hoe dat te doen en hoe om geld te verdienen met online freelance schrijven.

- Maak website materiaal voor compensatie. Inhoud is cruciaal in het internettijdperk, waar vrijwel alle ondernemingen, bedrijven en zelfs particulieren hun websites willen hebben.

Deze website-eigenaren kunnen het tempo van het regelmatig bijwerken van het materiaal van hun sites niet bijhouden. Je hoeft maar een paar zoekmachine optimalisatie tactieken te leren als je schrijftalent hebt om online content-schrijfcontracten te krijgen.

- Schrijf artikelen. Artikelen zijn essentiële onderdelen van het web. Aangezien artikelmarketing een kosteneffectieve methode is geworden om bedrijven en artikelen online te promoten, is het schrijven van artikelen ook een zeer gewilde activiteit online geworden. Je kunt artikelen schrijven en verkopen of online bedrijven of personen ontdekken die je betalen om artikelen voor hen te maken.

- Verken arbeidsmarkten online. Op deze markten kunnen freelance schrijvers bieden op schrijftaken of hun vaardigheden aanbieden aan werkgevers en bedrijven die op zoek zijn naar kwaliteitsinhoud van freelance schrijvers. Beide partijen kunnen voor aanvang van de opdracht een prijs afspreken, en u ontvangt betaling na voltooiing van uw schrijfprojecten. Je kunt ook vooruitzichten voor online freelance schrijven ontdekken door online banenmarkten te bezoeken.

- Schrijf advertentieteksten. Je kunt ook advertentieteksten schrijven voor bedrijven als je competent bent in verkooptaal. Inderdaad, goed geschreven advertentieteksten zijn online in trek door de toename van online advertenties en de trend dat bedrijven hun activiteiten online verplaatsen. Profiteer van deze behoefte en verdien geld met het maken van advertentie-exemplaren.

- Persberichten schrijven Persberichten schrijven is een extra alternatief voor online freelance schrijvers. Dit kan ook een onderdeel zijn van de marketinginspanningen van bedrijven en ondernemingen. Daarom kun je ook geld krijgen van deze schrijfprojecten.

- Schrijf een eBook. Als je een passie hebt voor schrijven en een ander expertisegebied, kun je een eBook publiceren en het online verkopen. eBooks zijn een van de meest populaire digitale producten die online worden verkocht, en vanuit het perspectief van de auteur is het ook een van de meest winstgevende producten die je online kunt verkopen. Wanneer u eBooks verkoopt, hoeft u geen rekening te houden met druk- en publicatiekosten, die tot de duurste aspecten van de verkoop van uw boeken behoren. Met eBooks kun je direct verkopen zonder je zorgen te maken over de distributie, omdat klanten de inhoud altijd online kunnen downloaden.

7. BLOGGING.

Geld verdienen met blogs is de meest effectieve aanpak om wekelijks online geld te gaan verdienen. Er is veel onduidelijkheid bij het bepalen van de optimale strategie om geld te verdienen met een blog. Ik voelde me genoodzaakt een essay te schrijven om iedereen die een blog wil opzetten en geld wil gaan verdienen te informeren.

Een niche kiezen voor een blog is de eerste stap naar geld verdienen met bloggen. Een niche is gewoon een synoniem voor een markt. In wezen moet u een onderwerp kiezen waarover u graag blogt. Een onderwerp waarover u enthousiast of op zijn minst geïnteresseerd bent, is een uitstekende keuze.

Stap twee is het kiezen van een blogplatform. Een blogplatform is software die u gebruikt om een websiteblog te maken en te onderhouden. Uitstekende platforms zijn blogger blogs en WordPress.

Ik raad je aan om reviews te lezen en het beste platform voor jou te selecteren. Ik raad je aan je blog te beheren in plaats van een gratis hostingdienst te gebruiken. Geld verdienen met blogs vereist zoveel mogelijk flexibiliteit, en het hebben van je blog biedt dit.

De derde stap is je blog te bevolken met voldoende inhoud. De inhoud van uw blog is de informatie die u presenteert. Tegenwoordig kunt u deze informatie aanbieden in tekst-, audio- of videoformaat. U kunt het zelf doen, een freelancer inhuren, of RSS-feeds opzetten om de inhoud automatisch naar uw blog te sturen.

De vierde stap is geld verdienen met uw blog door middel van affiliate review pagina's en Google Adsense advertenties. Dit is een uitstekende methode om geld te verdienen met bloggen. U bent niet eens verplicht om uw product te verkopen.

U kunt veel affiliate programma's vinden die verband houden met uw specialisatie en een aanzienlijk inkomen verdienen met artikelen en programma's voor residueel inkomen. U kunt AdSense integreren in uw site om extra inkomsten te genereren; het beste is dat het helemaal gratis is.

Stap vijf is het genereren van verkeer naar uw blog. Gratis verkeersmethoden zoals zoekmachine optimalisatie, blog commentaar, link uitwisseling, artikel marketing, forum marketing en sociale netwerken kunnen wonderen doen voor het verkeer op uw website.

Zodra uw blog consistent verkeer ontvangt en geld oplevert, moet u een nieuwe blog aanmaken. Zodra u het proces voor de eerste keer hebt voltooid, zult u merken dat geld verdienen met blogs vrij eenvoudig is.

8. INTERNETMARKETING.

Internet marketing is een van de snelste manieren om online geld te verdienen. Dit geldt niet voor het promoten van jezelf, maar eerder voor je marketing voor andere bedrijven.

- U kunt dit doen als u bekend bent met een aantal internet marketing processen. Het verbazingwekkende is dat veel van deze manieren gratis of goedkoop zijn. Bijvoorbeeld:

- U kunt een blog maken voor een bedrijf, eraan bijdragen en het gebruiken om links naar zijn website te genereren.

- U kunt nieuwe klanten verdienen door voor hen een sociale netwerkpagina aan te maken op een of meer sociale netwerksites.

- Door te posten op groepen en forums kunt u het aantal inkomende links naar hun website verhogen.

- U kunt artikelmarketing voor hen uitvoeren om verkeer naar hun website te leiden.

- U kunt AdWords-campagnes beheren.

- U kunt persberichten schrijven om het verkeer naar hun website en bedrijf te vergroten.

Er zijn veel manieren om het succes van uw klanten te verzekeren. Het is prachtig dat deze taken snel kunnen worden uitgevoerd. U kunt een aanzienlijke hoeveelheid marketingtaken in een week afronden, waardoor u snel geld kunt verdienen.

U kunt een voorschot regelen en het saldo bij voltooiing. Hierdoor heeft u het benodigde geld direct in uw bezit. Om de rest te verkrijgen, moet u het werk afmaken, dus zorg ervoor dat u resultaten levert.

Zoals u kunt zien, heeft internet marketing het potentieel om aanzienlijke inkomsten te genereren. U kunt een kantoor aan huis opzetten en dat vaak doen omdat mensen en bedrijven voortdurend op zoek zijn naar goedkope manieren om hun bedrijf te promoten.

Probeer wat ik deed als je onmiddellijk of binnen het uur geld nodig hebt. Ik verdien vandaag meer geld dan in mijn vorige bedrijf, en dat kan jij ook, als je op de onderstaande link klikt en het ongelooflijke waargebeurde verhaal leest. Ik was slechts tien seconden achterdochtig nadat ik lid was geworden voordat ik wist wat dit was. U zult ook stralen van oor tot oor, zoals ik was.

9. VIDEOMARKETING.

In de afgelopen jaren is er veel geschreven over het belang van het toevoegen van video marketing aan uw internet marketing arsenaal. Dat is logisch, want videomarketing is nu effectief en kan een geweldige manier zijn om elke week snel geld te genereren. Laten we de drie hieronder genoemde stappen verkennen.

U maakt een promotievideo voor uw product. U kunt een product of dienst op de markt willen brengen, en het maken van uw video's is een geweldige methode. Dit is niet zo moeilijk als mensen geloven. Je hebt een goedkope videocamera en microfoon nodig. Op YouTube kunt u instructievideo's bekijken over hoe u dit kunt doen.

U kunt ook een toepassing voor het maken van films gebruiken, zoals Animoto. Je bouwt in wezen een diavoorstellingsvideo met beelden en woorden. Dit is een fantastisch hulpmiddel omdat u muziek kunt toevoegen en uw video's rechtstreeks naar YouTube en andere websites voor het delen van video's kunt uploaden.

De verkoper maakt de video. Veel programma's waar je aan mee kunt doen om geld te verdienen hebben nu promotiefilmpjes.

De video's kunnen worden toegevoegd aan een bestaande website of blog. U kunt ze op een landingspagina plaatsen, bezoekers naar die pagina leiden en de video uw product of dienst laten promoten.

Deze methode is gemeengoed geworden in affiliate marketing en netwerkmarketing. Bij deze bedrijfsstrategieën verkoopt u producten of werft u personen aan om namens u producten te verkopen.

U concentreert zich vooral op het genereren van leads. De video's zijn al geproduceerd door het bedrijf dat u vertegenwoordigt. Hierdoor kunt u zich concentreren op marketing en het gebruik van de tools en middelen die zij geven.

Bied een videoproductiedienst aan. Als u merkt dat u geniet van het genereren van video's, is er een enorme markt voor uw talenten die nu onaangeboord is.

U kunt dit zo uitgebreid of zo eenvoudig maken als u wilt. Bij lokale bedrijfsmarketing bijvoorbeeld, zou u een bedrijf kunnen bezoeken, foto's nemen, gaan zitten en tekst schrijven, en dan alles bewerken tot een video die kan worden geüpload naar de website van het bedrijf.

Tegenwoordig kan vrijwel elke internetmarketeer hulp gebruiken bij het maken van video's en het uploaden ervan naar YouTube. Het aanbieden van een videomarketingdienst houdt u zo bezig als u wilt en is van grote waarde voor uw klanten.

Dit zijn drie methoden om geld te verdienen met videomarketing. Je kunt zo creatief zijn als je wilt en hiermee parttime of zelfs fulltime geld verdienen.

Het is essentieel om mee te doen aan een trend bij het ontstaan ervan en "mee te liften op de golf". Zo kunt u uw actieplan en verkoopcampagne opstellen en uw winst maximaliseren. U moet retailers zoeken die bieden wat u nodig hebt tegen redelijke prijzen. Niets in de wereld is zonder kosten.

Het kan tijdrovend zijn om op internet te zoeken naar video-handleidingen, maar er is een kortere weg. U hoeft het alleen maar te vinden.

Het effect van video's op een website kan onmogelijk worden overschat. Wat wilt u doen: een site met 300 woorden lezen of een video van 10 minuten bekijken waarin stap voor stap wordt uitgelegd hoe u iets kunt doen? Als u bent zoals ik, geldt de tweede optie.

U kunt de hele dag iets mondeling uitleggen, maar ik snap het meteen als u het demonstreert. Onthoud dat een beeld meer zegt dan duizend woorden, en als dat beeld geanimeerd is, des te beter.

Stel je voor dat je een bron ontdekt die je als het ware een "been omhoog" biedt. Het start u in de verkoop en genereert inkomsten terwijl u studeert. Dat is veel beter! Specials en promotionele websites bestaan; ze moeten ontdekt worden.

10. FOTOSHOP.

Er zijn eenvoudige manieren om snel geld te verdienen. Je moet alleen weten waar je moet zoeken en je realiseren dat je je vaardigheden kunt gebruiken om een aanzienlijke hoeveelheid geld te verdienen. Photoshop gebruiken is een geweldige manier om snel geld te verdienen.

Dit komt omdat mensen bereid zijn te betalen voor aantrekkelijke afbeeldingen. U kunt penselen maken, die momenteel zeer populair zijn op het internet. U kunt onderzoeken wat er beschikbaar is op het internet en uw collectie samenstellen.

Mensen zullen ze massaal kopen. Het zou het beste zijn als u gewoon uzelf promoot. Er zijn enkele websites waarop u kunt promoten. Je zou zelfs kunnen onderhandelen met stockfoto websites.

U kunt ook geld verdienen met Photoshop door uw online winkel te maken en daar afbeeldingen te verkopen. Je kunt je online winkel binnen een dag beginnen en je kunstwerken binnen een week verkopen. Je kunt zelfs meedoen aan grafische ontwerpwedstrijden die lucratieve prijzen bieden voor de mooiste inzendingen. Als je enige creativiteit hebt met Photoshop, is dit een geweldige techniek om de taak uit te voeren.

Zoals je ziet is het mogelijk om inkomen te genereren uit iets dat je al bezit. Afbeeldingen zijn populair op het internet. Mensen hebben ze ook nodig voor hun blogs, websites en gedrukte publicaties. Ze zullen ervoor betalen om ze te gebruiken. Ze zullen verliefd worden op een fantastische afbeelding als ze die zien.

Probeer wat ik deed als je onmiddellijk of binnen het uur geld nodig hebt. Ik verdien nu meer geld dan in mijn vorige bedrijf, en dat kunt u ook, als u op de onderstaande link klikt en het ongelooflijke ware verhaal leest. Ik was slechts tien seconden achterdochtig nadat ik lid was geworden voordat ik wist wat dit was. U zult ook stralen van oor tot oor, zoals ik was.

11. STOCKFOTOGRAFIE.

Veel mensen werken in de eerste plaats om geld te verdienen, maar dit kan hen geen geluk brengen. Sommigen hebben echter het geluk geld te verdienen door hun liefde na te streven. Een van deze methoden is fotografie. Sommige fotografen hebben een professionele opleiding gevolgd.

Meestal zijn ze verbonden aan een agentschap of werken ze zelfstandig. Maar er zijn er veel meer, zoals u en ik, die gewoon graag mensen, voorwerpen en gebeurtenissen fotograferen. Dit is uw kans om geld te verdienen met uw tijdverdrijf. Het universum van stockfoto's is aan u om te verkennen.

Voordat we bespreken hoe je geld kunt verdienen met deze hobby, laten we eerst onderzoeken wat stockfotografie is. Het is de beschikbaarheid van foto's onder licentie voor bepaalde doeleinden. U zult misschien verrast zijn door de vraag naar stockfoto's. Grafische en website ontwerpers, online reclamebureaus en uitgeverijen vragen ernaar.

Het beste van stockfotografie is dat je geen ervaring hoeft te hebben om er geld mee te verdienen. Alles wat nodig is, is een passie voor fotografie gemengd met fantasie. Geleidelijk aan zul je het vermogen ontwikkelen om jezelf succesvol te adverteren en daarmee geld te verdienen!

Sommige mensen kunnen aanvoeren dat stockfotografie weinig betaalt voor individuele beelden. Echter, degenen die hierover klagen zien het als een situatie waarin "het glas halfvol" is. Het is waar dat stockfoto's kunnen worden gekocht voor slechts $1. De realiteit is echter dat veel mensen een bepaalde foto kunnen gebruiken.

Combineer dit met het feit dat dezelfde afbeelding naar vele websites kan worden geüpload. Een snelle berekening leert dat dit een zekere manier is om een mooi bedrag te verdienen! Tegenwoordig kunnen sommige mensen hun brood verdienen met stockfotografie vanwege het enorme verdienpotentieel.

Hoe kun je nu precies geld verdienen met stockfotografie?

Hier zijn een paar suggesties om te beginnen. Het creëren van een originele collectie foto's is de meest voor de hand liggende eerste stap. Probeer een gevoel van originaliteit te integreren in de beelden en perspectieven die u vastlegt.

U moet rekening houden met de breedte van uw beoogde collectie. Sommige mensen specialiseren zich liever in een specifiek onderwerp en worden niche-aanbieders. Anderen willen een breed scala aan onderwerpen bestrijken. Uw beslissing is geheel aan u.

De volgende stap in het verdienen van geld met stockfotografie is het aanmaken van een online account bij stockfotografie websites. Microstock fotografie bedrijven zijn bedrijven die beelden accepteren van een verscheidenheid aan fotografen, waaronder amateurs en hobbyisten.

Ze hebben een bedrijfsmodel met lage prijzen en hoge volumes. ShutterStock.com, BigStockPhoto.com, Fotolia.com, 123rf.com en Dreamstime.com behoren tot de bekendste microstock websites. Bij sommige van hen kun je een account aanmaken.

Hierna wordt een voorbeeldmap aangemaakt. Dit is uw kans om uw talent te tonen en gekozen te worden. Selecteer enkele van uw mooiste beelden en upload ze. Hier is een handige tip. Zorg ervoor dat de titels van de afbeeldingen die u plaatst beknopt en relevant zijn. Dit kan mensen die naar afbeeldingen zoeken helpen om snel relevante afbeeldingen te vinden.

Als u geld wilt verdienen met stockfotografie, moet u de richtlijnen voor elke microstock site bekijken. Deze regels bepalen het soort beelden dat mag worden geplaatst, hun afmetingen, technische kwaliteit en commerciële haalbaarheid.

Probeer een groot aantal afbeeldingen van hoge kwaliteit te uploaden. Dit vergroot de kans dat uw beelden worden gekozen en helpt u ook uw doel om geld te verdienen te bereiken. Blijf extra beelden toevoegen naarmate de tijd verstrijkt. U zult spoedig beseffen dat uw hobby een fantastische bron van inkomsten is geworden.

12. CRAIGSLIST.

Als u op zoek bent naar snel geld, zou mijn eerste advies zijn om op eBay te verkopen. eBay is voor mij de eenvoudigste manier gebleken om online geld te verdienen, gevolgd door arbitrage sportweddenschappen en affiliate- of netwerkmarketing. Als u een aanzienlijk, duurzaam inkomen wilt genereren dat uw huidige inkomen kan vervangen, is affiliate of referral marketing de manier om te gaan.

In het licht van het voorgaande ga ik je in dit bericht een praktische manier laten zien om onmiddellijk geld te gaan verdienen. Studenten hebben deze methode gebruikt om wekelijks meer dan $300 te verdienen. Je zou er minstens $500 per week mee kunnen verdienen als je serieus bent.

Je hebt Craigslist en een eBay-account nodig om deze techniek volledig te benutten. Je gebruikt Craigslist om producten te verkrijgen met een korting op de prijs op eBay, gaat dan naar eBay en koopt ze.

Veel van de te koop aangeboden spullen op Craigslist worden geplaatst door verkopers die haast hebben om van hun spullen af te komen. Ze proberen de spullen op eBay te verkopen omdat ze niet kunnen wachten. Deze week hebben ze geld nodig voor rekeningen, huur en eten. Omdat ze onmiddellijk geld nodig hebben, zijn veel mensen bereid digitale camera's en andere dure elektronica te verkopen voor aanzienlijk minder dan de vraagprijs op eBay.

Elektronica is veilig, maar je kunt je richten op elke categorie koopwaar die je kiest. De eerste stap is het aanmaken van een eBay-account en beginnen met het verzamelen van credits. Houd de prijs bij van de producten die je wilt kopen.

Stel dat een bepaald merk digitale camera op eBay voor 200 dollar wordt verkocht, maar op

Craigslist voor 180 dollar wordt geadverteerd. Je zou contact opnemen met de verkoper en zeggen: "Hé, ik ben bereid er vandaag $150 voor te betalen; laten we afspreken bij de Berger King in de buurt."

Meer dan vijftig procent van de tijd, accepteren ze het aanbod. De meeste van deze mensen zijn wanhopig op zoek naar geld, dus ze zullen het niet erg vinden om twintig of dertig dollar te verliezen als je het hen vandaag aanbiedt.

Streef naar drie tot vijf dagelijkse afspraken. Eén advies: wees intelligent. In geen geval mag u iemand thuis ontmoeten, zijn huis binnengaan of hem in uw auto laten. Spreek altijd af op een openbare locatie, zoals McDonald's, KFC of Bergen King. Dit plan bestaat al vele jaren en blijft effectief voor iedereen die op zoek is naar eenvoudige manieren om geld te creëren.

13. BEZORGDIENST.

Het opzetten van een bezorgdienst is een levensvatbaar alternatief dat snel inkomsten kan genereren. U kunt dit specifieker maken, zoals een bezorgdienst voor wasgoed als u daarvoor kiest, of u kunt algemene bezorgdiensten aanbieden voor alles wat klanten nodig hebben. Of u nu een familiemaaltijd of een nieuw bed levert, er is vrijwel geen limiet aan de verscheidenheid van items die u kunt leveren.

Het is een geweldig alternatief omdat u het, afhankelijk van uw levering, waarschijnlijk in uw schema kunt inpassen. Als u bijvoorbeeld meubels vervoert, kunt u afspraken plannen in het weekend of 's avonds wanneer u beschikbaar bent. U hoeft maar een paar advertenties te plaatsen. Zelfs gratis forums, zoals CraigsList.org, kunt u uw diensten gratis adverteren op de meeste locaties.

U kunt besluiten slechts enkele weken van deze mogelijkheid gebruik te maken als u alleen op zoek bent naar snelle en eenvoudige manieren om op korte termijn geld te verdienen. Het is echter ook een uitstekende manier om op lange termijn te sparen voor een vakantie of vakantiegeschenken.

Probeer wat ik deed als je onmiddellijk of binnen het uur geld nodig hebt. Ik verdien nu meer geld dan in mijn vorige zaak, en dat kan jij ook.

14. HET ONTWIKKELEN VAN EEN GEHEIME VERKOOPTRECHTER.

In dit gedeelte geef ik je ander advies over online geld genereren met behulp van een geheime verkooptrechter.

Je autoresponder serie gebruiken om online geld te verdienen op de automatische piloot is het eerste advies.

Het combineren van affiliate marketing en e-mail marketing is de eenvoudigste aanpak om dit te bereiken. Maak een serie autoresponderberichten voor drie maanden, zes maanden, een jaar of zelfs twee jaar.

Vul uw autoresponder met tijdloze inhoud of series. Zo hoef je de tekst van de autoresponder niet meer bij te werken. Zorg ervoor dat het product dat je promoot ook een evergreen product is.

Zodra u uw product en e-mailserie hebt, kunt u beginnen met het opbouwen van uw mailinglijst. Uw verkoop zal automatisch werken. Laat het deals sluiten en inkomsten voor u genereren. Zeker, dit is een legitieme manier om online geld te verdienen. U genereert een vast inkomen voor een zeer lange periode.

Laat zien dat u om uw lezers of abonnees geeft.

Ik heb zojuist aangetoond dat dit de feitelijke techniek is om online geld te verdienen. U moet uw abonnees echter niet zien als miniatuur geldscheppende machines. Als mensen dit zien, zullen ze zich onmiddellijk uitschrijven van uw mailinglijst.

U moet blijk geven van zorg voor uw lezers of abonnees. Overlaad ze met mededogen. Laat hen weten dat u hun situatie herkent. U wilt hen oprecht helpen om hun probleem op te lossen.

Toen zij zich bij uw mailinglijst aansloten, hadden uw abonnees bepaalde verwachtingen ten aanzien van het soort informatie dat zij zouden ontvangen. Daarom moet je je eerdere beloften aan hen nakomen.

Lever de wekelijkse nieuwsbrief als u die hebt beloofd. Als je hen iets gratis belooft, moet je het leveren. Ontevreden abonnees zullen uw e-mails niet meer lezen of zich volledig uitschrijven.

Dit is wat u moet benadrukken in uw e-mailcampagne:

Inleven in de benarde situatie van de abonnees;

Alleen dingen van hoge kwaliteit promoten; bij productrecensies moet je eerlijk zijn; en af en toe nuttig advies geven aan je abonnees.

Dit zal niet snel geld opleveren, maar het is een legitieme techniek om online geld te verdienen. Door dit te doen zal het vertrouwen ongetwijfeld toenemen, wat resulteert in winst op lange termijn.

Houd uw abonnees betrokken bij uw communicatie.

Het uiteindelijke doel van het ontwikkelen van een mailinglijst is om een relatie op te bouwen met de abonnees alvorens dit te zien als een levensvatbaar middel om online geld te verdienen.

Wanneer u een weggevertje geeft als "lokaas" om een prospect te verleiden zich in te schrijven op uw mailinglijst, zullen de abonnees het weggevertje gewoon aannemen en uw e-mails niet meer lezen.

Wat moet u doen? Wanneer u in uw eerste e-mail een onaangekondigd weggevertje aanbiedt, laat uw abonnees dan weten dat er nog meer "verrassings-extra's" aankomen. Zorg er vervolgens voor dat u ongeveer één keer per maand gratis e-mails verstuurt.

Dit zal de aandacht van de abonnees vasthouden. Zij zullen uw e-mailberichten openen en lezen. U ontwikkelt daardoor een relatie met uw abonnees. Dit is een uitstekende gelegenheid voor u om hen andere affiliate producten te verkopen.

Ziet u nu deze legitieme online mogelijkheid om geld te verdienen? Gewoon een "freebie zoeker" omzetten in een winstgevende lead.

E-mailmarketing en affiliate marketing combineren en andere waarde creëren voor uw abonnees door vertrouwen en relaties op te bouwen is de sleutel tot online geld verdienen. Pas het bovenstaande advies toe, en u zult geld op uw bankrekening hebben.

15. BETAALD ONDERZOEK DOEN.

Enquêtes invullen is een van de gemakkelijkste methoden om online geld te verdienen. Het moet een van de eenvoudigste manieren zijn om ander geld te verdienen met alleen een computer en internetverbinding, gezien de minimale insteltijd en het ontbreken van een initiële investering.

Hoe te beginnen.

Gebruik een gratis website voor het selecteren van betaalde enquêtes die informatie geeft over elk enquêteprogramma in uw land. Deze biedt andere informatie over de minimumleeftijd, het bedrag dat per enquête wordt betaald en de betalingsmethode (contant geld of vouchers).

Zodra u enkele gerenommeerde sites hebt geïdentificeerd die beloningen in contanten of vouchers bieden, meldt u zich voor elke site aan en valideert u uw e-mailadres. U kunt vijf of meer sites hebben ontdekt waarop u zich kunt inschrijven, en het kan uren duren om elk profiel te voltooien. Haal dus uw favoriete drankje en neem plaats achter uw computer.

Na inschrijving, bevestiging en invulling van het profiel heeft u waarschijnlijk al wat geld of punten verzameld. Deze punten staan gelijk aan het geldbedrag dat op de website staat aangegeven. In de komende dagen zou u veel uitnodigingen via e-mail moeten ontvangen om deel te nemen aan betaalde onderzoeken.

Als u er een vindt die u bevalt, brengt een klik op de link u naar de website waar de enquêtevragenlijst wordt gehost. Vanaf dat moment kunt u vele of honderden vragen moeten beantwoorden. Hoe langer de enquête, hoe meer compensatie de enquêtesites bieden.

Naast uitnodigingen voor contante enquêtes, ontvangt u ook uitnodigingen voor prijstrekkingen. Deze mag u niet verwaarlozen om twee redenen: een kleine kans om te winnen en het invullen ervan maakt u een gewilde kandidaat voor toekomstige enquêtes.

Hoe meer onderzoeken u nu invult, hoe meer kansen u in de toekomst krijgt en hoe groter uw kansen om een van die prijzen te winnen, hoe onwaarschijnlijk ook.

Na het invullen van een paar onderzoeken die geld betalen op elke site die u eerder hebt gekozen, hebt u een aanzienlijk bedrag aan geld of punten verzameld. Zodra dit hun minimale betalingsdrempel bereikt, kunt u betaling aanvragen via cheque en soms via PayPal. Sommige geven de betaling aan het eind van elke maand automatisch door.

Dus, je hebt hard gewerkt en veel vragen beantwoord over dingen die je gebruikt, producten die je leuk vindt en diensten die je bent tegengekomen; wat is je beloning?

Na een paar weken typen en klikken opent u misschien een enveloppe met een cheque van 10 tot 50 dollar of 10 tot 50 pond. Als je het geluk hebt willekeurig te worden geselecteerd, kun je $10.000 of £5.000 aan prijzengeld winnen.

Betaald onderzoek doen is de eenvoudigste manier om online geld te verdienen. Het geeft voldoening en biedt u de zeldzame kans om de grootste bedrijven ter wereld te beïnvloeden.

16. HUISMERKPRODUCTEN.

Huismerkproducten zijn de meest effectieve benadering om geld te verdienen zonder uw product. Huismerkproducten zijn, in een notendop, producten die door één bedrijf worden vervaardigd, maar onder verschillende merken worden verkocht.

Het concept kan enigszins verwarrend zijn, dus laat me het uitleggen. Stel dat fabrikant A computerschermen produceert. Deze fabrikant produceert computerschermen voor iedereen, maar elk scherm moet identiek zijn.

Vervolgens zullen bedrijven zoals Sony of Toshiba producten bestellen bij producent A, maar deze aanbieden als Sony- of Toshiba-producten. In werkelijkheid gaat het om dezelfde goederen, maar wegens de merknaam kunnen zij verschillende prijzen aanrekenen.

Zolang het product van goede kwaliteit is, vindt niemand het erg als bedrijven deze praktijk toepassen. Sony en Toshiba doen dit niet voor grote projecten, maar zeker wel voor kleinere. Hoe kunt u hier dan van profiteren?

Je kunt je private-label producten promoten en verkopen op sites als eBay. Ebooks zijn waarschijnlijk de gemakkelijkste private-label-producten om op de markt te brengen. Je maakt gewoon een nieuwe cover en geeft aan dat je de auteur bent, en klaar is Kees. Gewoonlijk moet je de rechten op deze ebooks kopen, wat een paar dollar tot vele duizenden dollars kan kosten.

Alles hangt af van de kwaliteit van elektronische boeken. Het zou het beste zijn als je je niet zo druk maakt over de kwaliteit, omdat je ze meestal kunt lezen voordat je ze koopt. Zorg er wel voor dat u het recht hebt om ze te verkopen, anders kunt u in de loop van een jachtgeweer van een advocaat terechtkomen.

Als u niet graag andermans producten verkoopt, kunt u uw eigen producten maken en private label rechten verkopen. Zou het niet fantastisch zijn als duizenden mensen u benaderen om uw product te kopen? Je zou geen commissie ontvangen voor elke verkoop, maar als je $100 in rekening zou brengen voor iemand om je ebook te verkopen en het te claimen als hun eigen ebook, zou het niet zo vreselijk zijn.

Zelfs als je maar één ebook per week schrijft, hoef je de rechten maar aan zeven of acht mensen te verkopen om winstgevend te zijn. De meeste mensen die een boek kopen, lezen het niet eens; ze willen gewoon dollartekens zien, en daar moet je genoegen mee nemen.

Je hoeft je echter niet te beperken tot ebooks; je kunt verschillende digitale en fysieke private-label producten maken en verkopen. Ik heb alleen de digitale versies geadviseerd omdat de reproductie daarvan gratis is. Ik zou deze private-label producten eerst digitaal verkopen voordat je overgaat op grotere formaten.

Als je echter geld wilt verdienen, moet je beginnen met het brandmerken van je producten. Maak een bedrijfsnaam die u op al uw artikelen kunt stempelen, zodat consumenten uw naam geleidelijk aan zullen associëren met kwaliteit.

Welk MP3-apparaat zou u verkiezen als u de keuze had tussen een iPod en een andere kleur MP3-

speler die niet de naam iPod draagt? Omdat mensen alleen het oppervlak van producten kunnen zien, beseffen ze soms niet dat ze identiek zijn. Het enige wat voor hen telt is dat ze een iPod hebben en geen gewone MP3-speler, ook al zijn ze misschien identiek.

Bij de productie van huismerkproducten kan branding een zeer effectief instrument zijn. Het maakt niet uit of u ze wilt verkopen of maken, want er zijn volop mogelijkheden voor winst. De meest winstgevende strategie voor het verkopen van huismerkproducten is er een te kiezen en daarbij te blijven.

17. VERKOOP VAN KUNSTWERKEN.

Heb je je ooit afgevraagd hoe je je artistieke vaardigheden kunt gebruiken om ander geld te verdienen voor je gezin?

Mijn vermogen om "buiten de kaders te denken" is op de proef gesteld telkens als mijn inkomen daalde, hetzij door recessies, de wereldwijde financiële crisis of algemene marktschommelingen.

Na uitgebreid onderzoek en vallen en opstaan, heb ik drie strategieën bedacht om je te helpen geld te verdienen met je werk als je ze in de praktijk brengt.

Slimme manieren om van je kunst te profiteren.

- Verkoop uw kunstwerken online en ontvang royalty's voor de komende jaren.

- Verkoop uw kunstlessen aan studenten die willen leren "hoe het moet".

- Anderen verkopen uw kunstwerken en schilderlessen.

Dus hoe wordt het uitgevoerd?

1. Verkoop uw kunstwerken online en ontvang jaarlijks royalty's.

Dit is mijn favoriete Slimme Manier nr. 1 omdat het rendement doorlopend is; ik ontvang maandelijks royalty's voor werk dat meer dan 10 jaar geleden is voltooid. Dit is een heel slimme techniek om geld te verdienen aan je kunstwerken, maar je moet wel weten wat je doet om succes te verzekeren.

Wie betaalt mij voor mijn kunst?

Wat zijn markten?

U moet eerst bepalen welke markten waarschijnlijk geïnteresseerd zullen zijn in uw kunstwerk. Maakt u graag landschappen? Of dieren? Of animatiefiguren? Of auto's en motoren? Of naakten? Of ben je meer abstract? Of karikaturen?

Elk van deze heeft verschillende markten die kunnen worden gebruikt om tientallen jaren lang royalty's te genereren. Enkele distributeurs van dit soort kunst zijn legpuzzelbedrijven, aanbieders van behangpapier voor computers en mobiele telefoons, en huishoudelijke artikelen.

Elk van deze verschillende sectoren is afhankelijk van creatieve en innovatieve kunstenaars zoals u om andere "PRODUCTEN" voor hen te ontwikkelen. Inderdaad, u bent de productmaker, terwijl zij de productverkopers zijn. Dit is hoe het werkt.

2. Verkoop uw kunstlessen online.

Nu is de voor de hand liggende aanbeveling om een website te bouwen en een winkelwagentje te installeren, en u bent op weg naar succes, maar als het zo eenvoudig was, zou niet iedereen het doen? Inderdaad, dat is niet de bedoeling. U zult zich onderscheiden van de massa en leerlingen hebben die voor altijd of zolang uw kunstonderwijs populair blijft uw collegegeld komen betalen.

Dus hoe wordt dit bereikt?

Iedereen kijkt graag toe, toch? Ze houden ervan om te kijken hoe anderen suggesties oppikken over hoe zij hun magie doen. Ongeacht je neiging, als je je vak onder de knie hebt, kun je met deze eenvoudige, kosteloze methodiek interesse opwekken om je technieken te leren.

A) Maak een account aan op YouTube.

B) Documenteer dat je kunst maakt.

C) Upload enkele inleidende videolessen naar YouTube.

Zodra je je kunstwerken hebt geüpload naar YouTube en alle andere grote websites voor het delen van video's, houd dan het verkeer naar je website in de gaten. Sommige van mijn films hebben in minder dan een jaar tijd vijftigduizend views gekregen.

Dit is een aanzienlijke hoeveelheid gericht verkeer voor je website, en de "Full-length films op DVD geleverd aan je deur voor $39.95" en "ebook snelle download versie voor $29.95" aanbiedingen. Ik heb "How To. Producten" die de afgelopen maanden vrijwel dagelijks zijn verkocht, en het beste is dat de markt stabiel is ondanks de instabiele economie.

3. Laat anderen uw kunst en kunstlessen verkopen!

Dit is ook een populaire slimme techniek om online geld te genereren door kunst te verkopen. Het maken van kunstwerken, zoals in Voorbeeld 1, en het verkopen van lesmateriaal, zoals in Voorbeeld 2, bereidt u goed voor op deze volgende stap: het werven van AFFILIATES om uw kunstwerken namens u te verkopen.

Een enorm leger van mensen die online producten verkopen aan een publiek heeft vaak toegang tot de websites die zij beheren. Zij besteden het grootste deel van hun tijd aan het genereren van inhoud voor blogs, het reageren op forumpostings, en het onderhouden van de website, waardoor zij weinig tijd overhouden om kunst te maken zoals u en ik.

Daarom zijn personen met websiteverkeer (veel populaire websites ontvangen dagelijks tienduizenden unieke bezoekers) in een uitstekende positie om uw koopwaar, kunstwerken in opdracht en kunst "hoe te." producten te verkopen.

Veel affiliates die mijn ebooks promoten worden alleen gecompenseerd ALS ze een verkoop genereren. Geen basisloon betaald vakantie of ziekteverlof, en alleen commissie op de verkoop - dat is mijn soort personeelsbestand! Er is niets beters dan dat.

U kunt honderden website-eigenaren benaderen met uw "deze week best verkochte karikatuurbehang van beroemdheden" en hen het namens u laten verkopen voor een commissie. Er zijn geen beperkingen aan deze rijke streken, en met uw wilde artistieke creativiteit doet u er goed aan deze drie sluwe internetstrategieën te volgen om van uw kunst te profiteren.

18. PODCAST.

Hoe wil je winst maken met je podcast? Als podcaster is de mogelijkheid dat je podcast inkomsten oplevert een ander voordeel. Als podcaster hoef je je geen zorgen te maken over hoge overheadkosten, en het grootste deel van de inkomsten van je podcast zal winst zijn.

Er zijn drie primaire manieren om inkomsten te genereren met een podcast.

1. Genereer inkomsten van commerciële sponsors.

Commerciële podcastsponsoring is een van de meest effectieve manieren om geld te verdienen aan je podcast. Als je een belangrijke sponsor vindt, kan je podcast veel geld opleveren. Grote bedrijven beginnen na verloop van tijd de echte waarde van podcasting in te zien.

Paige en Gretchen, twee moeders uit Virginia, zien het belang in van commerciële sponsors. Ze hosten een wekelijkse uitzending gericht op moeders, genaamd MommyCast. Paige heeft vijf kinderen, terwijl Gretchen er twee heeft.

Earthlink en Dixie zijn de twee belangrijkste sponsors voor hun programma. Daardoor krijgen ze aanzienlijke inkomsten door commerciële sponsoring van hun show. Ze hadden waarschijnlijk geen idee van de populariteit van hun podcast toen ze die begonnen te produceren. Earthlink en Dixie zagen echter het belang van hun programma en kozen ervoor om sponsor te worden. http://www.mommycast.com/

Als twee moeders uit Virginia dit kunnen bereiken, dan kan iedereen dat. Het maakt niet uit waar je woont of waarover je podcast. Als je een groot publiek kan aantrekken, heb je een grotere kans om grote sponsors aan te trekken voor je podcast.

Commerciële podcastsponsoring is een fantastische methode om een aanzienlijke geldstroom op gang te brengen. Als je een grote sponsor kan vinden, kan je als podcaster een aanzienlijk inkomen genereren. Wanneer twee invloedrijke organisaties, Earthlink en Dixie, podcasting zien als een middel om potentiële klanten te bereiken, is dat uitstekend nieuws voor alle podcasters.

Wanneer een grote sponsor adverteert op de traditionele radio, is de uitzending van het radiostation wattage-beperkt tot een bepaalde geografische regio. Bij podcasting zijn er echter geen geografische beperkingen. Iedereen met een computer of MP3-speler kan de show beluisteren. Dit is dus een uitstekende verkoopfactor voor potentiële sponsors.

2. Inkomsten genereren via donaties.

Donaties zijn een andere methode om inkomsten te genereren met je podcast. Adam Kempenaar en Sam Hallgren presenteren bijvoorbeeld de tweewekelijkse podcast Cinecast uit Chicago.

Ze evalueren verschillende films en geven hun commentaar. Hun podcast wint snel aan populariteit en wordt regelmatig uitgebreid. http://www.cinecast.com/

Als je naar iTunes gaat, zul je niet merken dat ze gemarkeerd zijn in de directory van podcasts. Dit is een enorm voordeel voor Cinecast. http://www.apple.com/itunes/podcasts/

Adam en Sam hebben besloten hun podcast te gelde te maken door donaties te vragen. Op hun website is er een PayPay-knop waarmee luisteraars een betaling aan hun podcast kunnen doen. PayPal heeft een gunstige reputatie en is een ideale methode om donaties te ontvangen.

Door belangrijke informatie aan je publiek te presenteren, zullen ze je inspanningen waarderen en meer bereid zijn om bij te dragen. Maar Cinecast zal na verloop van tijd waarschijnlijk nationale sponsors kunnen krijgen.

Als je aanhang groeit, zijn donaties een prachtige methode om geld te genereren als je begint met podcasten.

3. Winst uit uw website of blog.

De derde methode om je podcast te gelde te maken is het plaatsen van advertenties op je website of blog. Google AdSense is een techniek om dit doel te bereiken. AdSense plaatst advertenties op uw website, en u ontvangt een vergoeding wanneer een gebruiker op een advertentie klikt. https://www.google.com/adsense/

Clickbank gebruiken om verschillende producten op uw website of blog te promoten is een andere optie om inkomsten te verkrijgen. U kunt als affiliate meer dan 10.000 ClickBank-producten op de markt brengen. Aanmelden als affiliate bij ClickBank is gratis, en u verdient commissies wanneer iemand een product koopt via de links op uw website. http://clickbank.com/

De sleutel tot het produceren van cash is het verkrijgen van exposure voor uw podcast. Het beste zou zijn om mensen te informeren over je bestaan om een groot publiek aan te trekken. Naarmate uw publiek groeit, zal ook de kans op zakelijke sponsors toenemen. De meest effectieve methode om dit doel te bereiken is je podcast aanmelden bij iTunes en andere podcast directories.

19. GOOGLE ADSENSE.

Er zijn vele manieren om geld te verdienen met Google AdSense. De typische technieken voor het genereren van AdSense-geld zijn beproefd en behoorlijk effectief gebleken. Veel nieuwe uitgevers denken ten onrechte dat AdSense alleen mag worden toegepast op websites en blogs. Er zijn echter vele andere methoden om AdSense te gebruiken.

Maar om goed te functioneren, vergen ze vaak aanzienlijke voorbereiding en onderzoek en kunnen ze aanzienlijk meer tijd in beslag nemen. Voor een totale beginner kan het vele maanden hard werken zijn om geld te verdienen met AdSense.

Er zijn echter andere manieren om geld te verdienen met Google AdSense. AdSense heeft zich sinds het begin uitgebreid en is nu een veelgebruikt Pay-Per-Click systeem. Er zijn momenteel vele manieren om geld te genereren met AdSense op het web. Sommige van deze "alternatieve technieken" zijn nieuw en hebben vaak minder tijd nodig om te implementeren en te gebruiken.

Een van de meest effectieve methoden om AdSense te gebruiken is op web 2.0 sites. In enkele dagen kan een AdSense-account worden opgezet op Blogger (een gratis blogplatform van Google), en als het correct is ontworpen, kan het binnen enkele weken inkomsten genereren.

Het is ongelooflijk eenvoudig te gebruiken en volledig gratis. Er zijn geen hostingkosten, domeinnaamkosten of andere kosten. Veel uitgevers hebben bloggers met succes ingezet om AdSense-inkomsten te genereren.

Hetzelfde geldt voor andere Web 2.0 sites, zoals HubPages, Xomba en Squidoo. Ze zijn allemaal gratis toegankelijk, en u kunt beginnen te verdienen met Google AdSense zodra uw eerste stuk content is gepubliceerd en u bent toegelaten tot het programma. Het is zelfs mogelijk om AdSense-advertenties op uw eigen YouTube-video's te plaatsen.

Er zijn nu nieuwe manieren om advertenties binnen AdSense te gebruiken die niet altijd websites hoeven te gebruiken. Door AdSense te gebruiken voor domeinen, bijvoorbeeld, kunt u geld verdienen met Google.

Als u een onderontwikkeld domein hebt en wat lege webruimte, kunt u een paar AdSense-advertenties plaatsen en een beetje AdSense-geld verdienen aan restverkeer door het tonen van een paar AdSense-advertenties. Dit werkt alleen met extreem populaire domeinnamen, maar gebruik maken van dit ondergewaardeerde onderdeel van het AdSense-programma is mogelijk.

Er zijn vele andere manieren om geld te verdienen met Google AdSense. Als u een beginner bent, moet u niet alleen de gebruikelijke methoden van het plan overwegen. Om te slagen, moet je alles leren wat je kunt over de mogelijkheden ervan, en je weet maar nooit; je kunt een onaangeboorde marktniche ontdekken die je kunt exploiteren om AdSense-inkomsten te verdienen.

20. PENNY STOCKS.

Het is niet gemakkelijk om snel geld te genereren met aandelen; u zult merken dat er altijd obstakels in de weg. Het probleem is typisch de moeilijkheid om een centrale plaats te vinden om nauwkeurige informatie te verzamelen over vele bedrijven met aandelen.

Bij het samenstellen van een lijst van belegbare aandelen met hoge waarde kan het onmogelijk lijken om te bepalen waar te beginnen. Het is echter een realiseerbaar doel; ontdek hoe.

Het gebruik van een stock picking service is een van de beste manieren om snel geld te verdienen met penny stocks. Wanneer u een professionele voorraad selectie dienstverlener te vinden, zullen zij bieden u een wekelijkse uitsplitsing van een computerprogramma gebaseerde database, met inbegrip van informatie over vele aandelen. Gewoonlijk moeten alle technische analyses zijn voltooid, en u krijgt het eindrapport.

Het gebruik van een aandelenselectiedienst die u een volledige studie van potentieel waardevolle aandelen biedt, heeft vele voordelen, waaronder de volgende:

- U bespaart de tijd en moeite die nodig zijn om dergelijke lucratieve aandelen zelfstandig te onderzoeken.

- Omdat u werkt met ervaren stock-picking dienstverleners, heeft u toegang tot vele potentieel winstgevende penny stock investeringen.

- U beschikt slechts over een beperkte lijst van trendy penny stocks waarin u vol vertrouwen kunt investeren.

- De geleverde analyse is gemaakt en geprogrammeerd door een doorgewinterde handelaar.

Dit is een van de beste strategieën om snel geld te verdienen met aandelen in plaats van met vallen en opstaan bij elke investering.

21. FORUM.

Elke dag komt een groeiend aantal Money Makers op het geldforum. Ze hebben een vooruitziende blik en herkennen een potentieel voordeel. Er zijn veel manieren om geld te verdienen op een forum. Hier zijn enkele effectieve technieken.

1) Publiceer kwaliteitsinhoud en vergroot uw reputatie!

Zonder twijfel is dit een van de beste tips om geld te verdienen. Door uw reputatie te verbeteren, bevordert u indirect vriendschap en vertrouwen. Niemand vertrouwt zijn geld of tijd toe aan mensen die hij niet goed kent. Deel uw mening in goed vertrouwen.

Maak nooit een belofte die u niet kunt nakomen. Ontwikkel vertrouwen en vriendschap, en je zal snel een uitgebreid en robuust netwerk hebben. U zult spoedig een team van bouwers hebben die met u samenwerken om als groep online inkomsten te genereren. Goede zakenpartners zijn moeilijk te ontdekken, maar je kunt vele jaren van voorspoedige relaties en enorme winsten verwachten als je dat eenmaal doet. De limiet is de hemel.

2.) Gebruik uw forumhandtekening!

Gebruik korte URL-diensten zoals http://be8.biz om uw lange URL om te zetten in een kortere versie, zodat u meer advertenties kunt weergeven. Het handtekeningensysteem is geïntegreerd in het forum, en je bent vrij om het te gebruiken. De meeste forums beperken de ruimte voor uw handtekening tot 150 en 250 tekens, dus zorg ervoor dat u er optimaal gebruik van maakt.

Handtekeningen zijn een effectieve vorm van marketing. De meeste mensen zullen op de handtekening van een geloofwaardig persoon klikken en zich waarschijnlijk aansluiten bij het programma dat hij of zij promoot. Hoe meer berichten je hebt, hoe groter de kans dat geldschieters je handtekening advertentie zullen zien.

Upgrade uw forum account om uw bekendheid te vergroten!

Voor een redelijk bedrag kunt u upgraden naar een betaald lidmaatschap op forums zoals http://www.Dreamteammoney.com. Uw gebruikersnaam verschijnt dan in een andere kleur, en u krijgt ook gratis bannerimpressies. Uw naam zal altijd zichtbaar zijn aan de voorkant, wat intriges opwekt en uw exposure vergroot.

Mensen willen je kennen en lid worden van het programma waar je aan meedoet, zodat ze met jou geld kunnen verdienen. U zult snel merken dat uw messenger lijst groeit, en u zult meer mensen ontmoeten die ook geïnteresseerd zijn in online geld verdienen, zodat u deze onderneming kunt voortzetten met uw forumvrienden.

4.) Gebruik forums om uw PageRank te verbeteren en snel geïndexeerd te worden door de grote zoekmachines.

We weten allemaal dat PR de waarde van een website kan verhogen. De meeste kopers geven de voorkeur aan sites met een hoge PR boven sites met een slechte PR. Als uw website of blog een index of een hoge PR-ranking krijgt van een forum, zal dat uw PR-ranking een boost geven. Op een geld-gerelateerd forum zag ik sites met PR 1 die PR 2 kregen na slechts één week geïndexeerd te zijn door SE.

Als grote zoekmachines uw site niet indexeren, is het plaatsen ervan op een forum met een hoge PR en veel verkeer een van de beste oplossingen. Grote zoekmachines zullen uw site snel indexeren, wat leidt tot meer indirecte bezoekers. Op het internet staat verkeer gelijk aan geld. Het verkrijgen van uitstekende bezoekers (Moneymakers) is essentieel om online geld te verdienen.

5.) Maak gebruik van de expertise van andere geldmakende genieën! Leer van hun fouten!

Veel forumgebruikers delen graag hun advies en expertise met u. Bijvoorbeeld: als een lid u leert hoe u slim geld kunt besparen en u bespaart nog eens $100 per maand of $1.200 per jaar, verdient u indirect nog eens $1.200 in één jaar, en die kennis, die uw bezit is, volgt u voor altijd. Verbeter uw kennis altijd door te leren van ingewijden. Velen zijn bereid hun strategieën om geld te verdienen te delen, maar bent u bereid ze te ontvangen?

Kennis staat gelijk aan macht en rijkdom. Besteed altijd tijd aan het forum om nieuwe technieken te ontdekken. Overweeg het geldforum op uw universiteit om geld te verdienen; veel professoren zijn beschikbaar om als uw mentor te dienen.

Er zijn vele andere manieren om geld te verdienen op forums. Vergeet niet dat de sky de limit is. Als u bereid bent nieuwe dingen te proberen, kunnen zelfs de kleinste ideeën u een fortuin opleveren. Elk sub-forum binnen een forum heeft zijn doel. Verken elk deel van het forum, en je zult versteld staan van wat je ontdekt.

Geld verdienen is nog nooit zo eenvoudig geweest. Internet en technologie hebben de wereld dichter bij elkaar gebracht. Geld verdienen is altijd een teamprestatie geweest. De wereld is er voor u, en dat geldt ook voor het gratis forum dat u in contact brengt met gelijkgestemde geldmakers. Het is nu uw beurt om het aan te nemen.

22. HOME-BASED DATA ENTRY JOBS.

Home-based data entry jobs behoren tot de meest respectabele en lucratieve internet werkgelegenheid. Deze banen maken het leven van de gebruikers gemakkelijker en comfortabeler. Deze data entry jobs zijn de enige legale en eenvoudige online mogelijkheden die beschikbaar zijn.

Elke dag verkennen tienduizenden mensen het internet op zoek naar manieren om online geld te verdienen en hun levensstandaard te verbeteren. Online data entry jobs zijn de enige legale mogelijkheden om vanuit huis geld te verdienen. Zo is het voor haar klanten eenvoudig om online geld te verdienen, omdat ze het vanuit hun eigen huis kunnen doen.

Deze data entry jobs zijn volledig geldig en eenvoudig uit te voeren. De enige vaardigheid die nodig is om deze baan te voltooien is toetsenbordvaardigheid. Iedereen met een beetje verstand van internet en typen kan dit werk doen en een aanzienlijke hoeveelheid geld online verdienen.

Deze data entry jobs zijn eenvoudig; ze vereisen alleen dat mensen online formulieren invullen voor de bedrijven waarvoor ze kiezen te werken. De formulieren die de gebruikers van dit programma invullen zijn gewoon advertenties voor deze bedrijven. Deze bedrijven zullen u vervolgens compenseren in de vorm van commissies, die meestal aanzienlijk zijn en onmiddellijk worden betaald.

Het aantal commissies hangt af van het aantal verkopen dat de bedrijven genereren doordat uw advertenties op verschillende websites verschijnen. Er is geen maximum aan hoeveel je kunt verdienen met deze data entry jobs, aangezien de advertenties die je maakt op meerdere websites worden geplaatst, waardoor het voor klanten gemakkelijker wordt om de producten te kopen en je commissies toenemen.

Ik wil voor onbepaalde tijd online blijven werken als data entry medewerker en een aanzienlijk inkomen verdienen. De gemiddelde commissie voor deze functie ligt tussen de 30 en 35 dollar per verkoop. Dit getal stijgt naarmate de ervaring van de gebruiker toeneemt. Ik verdien ongeveer $100 per week, wat neerkomt op minstens $400 per maand.

Deze beroepen hebben veel voordelen, zoals thuiswerken en het feit dat je werkgever bent. U kunt gebruik maken van de opleiding die zij bieden om u te helpen aan de slag te gaan in dit beroep en een aanzienlijk inkomen te verdienen. Maak gebruik van deze kans en begin onmiddellijk.

23. EBOOK SCHRIJVEN.

Een van de meest effectieve manieren om geld te verdienen aan je ebooks is door alleen inhoud van hoge kwaliteit te leveren. Je werken moeten informatief, goed geschreven en praktisch zijn, zodat je online gebruikers effectief kunt overhalen tot een aankoop. Wanneer mensen beseffen dat je uitstekende informatie verstrekt, zijn ze geneigd terug te komen voor meer en kunnen ze je ebooks zelfs promoten bij anderen.

Hier zijn zeven andere fantastische manieren om geld te verdienen met het publiceren van eBooks:

1. Gebruik pakkende titels. Experts zeggen dat de kwaliteit van je boektitels 95% van je succes bepaalt. Als ze online de aandacht kunnen trekken en

internetconsumenten kunnen boeien, kun je er zeker van zijn dat je boekverkoop snel omhoog zal schieten.

2. Overweeg winstgevende onderwerpen. Het zal gemakkelijker zijn je ebooks te verkopen als je schrijft over ongelooflijk boeiende onderwerpen voor online gebruikers. Je kunt eenvoudig bepalen welke onderwerpen online als warme broodjes zullen verkopen door trefwoordenonderzoek te doen en je potentiële klanten te vragen welke informatie zij zoeken.

3. Houd je ebooks kort en duidelijk. Vanwege hun beperkte aandachtsspanne kiezen online consumenten voor ebooks die eenvoudig te begrijpen en over het algemeen kort zijn. Gebruik daarom basistaal en leg je standpunten en ideeën uit in minder dan 30 pagina's.

4. Doe onderzoek Iedereen wil ebooks met uitgebreide, gedetailleerde en diepgaande informatie om de hoofdzaak snel te begrijpen. Vergeet niet om onderzoek te doen bij het maken van je ebooks om

meer waardevolle informatie te krijgen die je creaties rijk aan inhoud en informatief kunnen maken.

5. Blijf weg van fictie. De meeste internetgebruikers zullen geen geld betalen voor iets dat hun leven niet kan verbeteren. Schrijf daarom over thema's die je lezers van nuttige kennis kunnen voorzien, zoals stapsgewijze richtlijnen, en vermijd het schrijven over fictieve onderwerpen.

6. Vecht tegen writer's block. Dit kan schadelijk zijn voor je schrijversvak omdat het je verhindert creatief te zijn. Het goede nieuws is dat je een overspannen gevoel kunt voorkomen door al je gedachten op te schrijven en minstens twee keer per week weg te stappen van je computer.

7. Produceer meer ebooks. Je zult meer geld verdienen met deze activiteit als je het aantal van je ebooks kunt verhogen. Je kunt dit bereiken door meer uren te schrijven of ghostwriters in te schakelen om je materiaal te maken.

24. VERKOPEN OP EBAY.

Steeds meer mensen uit alle lagen van de bevolking ontdekken dat zij hun financiële situatie kunnen verbeteren via eBay. In dit hoofdstuk worden vijf methoden beschreven om via eBay inkomsten te genereren.

Ten eerste kun je doen wat veel anderen doen en een online garageverkoop houden. Je kunt op eBay inkomsten genereren door spullen te verkopen die je niet meer nodig hebt. Elke week profiteren tienduizenden mensen van deze praktijk.

Ten tweede kunt u geld verdienen op eBay door dingen aan te bieden aan internationale consumenten via uw eigen eBay-winkel.

Ten derde kun je, in dezelfde geest, geld verdienen op eBay door dingen te verkopen die je hebt gemaakt. Je kunt bijvoorbeeld je artistieke producten online verkopen als je een artistieke inslag hebt.

Ten vierde verkopen veel mensen eBay-producten om geld te genereren voor zichzelf en anderen.

Ten slotte zijn de mogelijkheden om geld te verdienen op eBay vrijwel onbeperkt. Uw enige echte beperkingen zijn de omvang van uw verbeelding. Inkomsten uit eBay kunnen uw financiële situatie aanzienlijk verbeteren.

Je kunt geld verliezen op veel van wat je met veilingen en eBay doet, maar je kunt ook geld verdienen; een van de belangrijkste factoren is testen. Als je test, weet je waar je meer en minder moet investeren.

25. WEBINARS ORGANISEREN.

Met zoveel scepsis rond de lancering van een internetbedrijf, kan het presenteren van webinars een prachtige methode zijn om vertrouwen op te bouwen bij potentiële klanten, omdat er iets moois is aan het zien van de persoon die rechtstreeks met je spreekt op het scherm voor je.

Maar wist u dat naast het genereren van verkoop voor uw bedrijf (maar liefst 10% van de webinar-deelnemers koopt uiteindelijk), het houden van een webinar ook vraag kan genereren naar dingen die u kunt verkopen? Dit is een uitstekende optie als u een internetbedrijf wilt opzetten maar geen product hebt om te verkopen.

Dit is hoe u inkomsten kunt genereren door een webinar te houden.

Ten eerste, nodig individuen uit voor een gratis webinar.

Deze aanpak houdt in dat u een gratis webinar organiseert waarin u een gratis training geeft over een bepaald onderwerp. Na het webinar nodigt u hen uit om in de komende zeven, tien, twaalf of meer weken andere webinars met u bij te wonen, waarin u hen stap voor stap door het hele proces leidt.

Aangezien de meeste webinarsoftware opnamemogelijkheden heeft, kunt u vervolgens een hele videocursus maken die u online kunt aanbieden voor £100, £200, of meer.

Wat moet u in uw webinar opnemen?

Het vinden van inhoud voor webinars is gemakkelijker dan je zou denken. Hier zijn enkele aanbevelingen ter overweging.

Vertel en toon.

Maak een PowerPoint presentatie om de functionaliteit van je product te demonstreren.

Ga maar na.

Stel dat u uw presentatie in zeven delen verdeelt en voor elk deel vier minuten inhoud ontwikkelt. In dat geval heb je genoeg informatie voor een webinar van 30 minuten voordat je een inleiding toevoegt.

Interview een specialist.

Je kunt ook een specialist in je onderwerp uitnodigen om vragen te beantwoorden tijdens een webinar. Dit is geen geheel nieuw idee, want dit formaat werd al veel eerder gebruikt dan de uitvinding van webinars, met name in teleseminars en conferentiegesprekken.

Zodra u uw reeks webinars hebt gefilmd en klaar bent om ze te verkopen, kunt u een kopie naar uw deskundigen sturen zodat zij ze gratis kunnen gebruiken om meer zichtbaarheid te krijgen.

U kunt de zaken naar een hoger niveau tillen door potentiële klanten gratis uit te nodigen voor uw eerste webinar en hen te laten deelnemen aan een reeks van 12 volgende webinars voor een eenmalige investering van uw keuze. £100. £200 of zelfs £400.

Dit kan een effectieve aanpak zijn om inkomsten te genereren uit het houden van webinars.

Je kunt zelfs je tegenstanders overhalen om met je mee te doen door een joint venture voor te stellen.

U kunt aanbieden om hun webinars te adverteren op uw mailinglijst of omgekeerd en de inkomsten 50/50 verdelen.

Het is een kwestie van persoonlijke voorkeur welke webinarsoftware u gebruikt, maar het houden van webinars kan een unieke kans bieden om een aanzienlijke hoeveelheid geld te verdienen vanuit uw luie stoel.

26. DOMEIN FLIPPING.

Het is vrij intrigerend om te leren dat een individu een internetmakelaar zou kunnen worden en beginnen met het maken van inkomen online. Wanneer u "domein flipping" hoort, moet u zich voorstellen dat u goedkoop domeinen of websites koopt, met minimale of geen waarde, en ze verkoopt met winst. Dit is nog een andere moeiteloze methode om geld te verdienen met minimale inspanning.

Voor domain flipping is weinig formeel onderwijs nodig. Het is een eenvoudige zaak die zelfs jongeren in ontwikkelingslanden zonder problemen kunnen uitvoeren. Als een tiener het kan, is het leuk, een hobby of een eenvoudige taak.

De methode vergt minimale inventiviteit en investering. U kunt een creatieve domeinnaam verwerven die veel verkeer naar een bedrijf kan trekken en deze na een periode of onmiddellijk voor een hoge prijs verkopen. Hoe creatief u in deze situatie kunt zijn, hangt af van uw niveau van ervaring of bekwaamheid in uw werkgebied.

Zo eenvoudig kan het proces zijn. U hoeft alleen maar in de buurt te zijn van een computer en een internetverbinding; al het andere is optioneel. Er is geen excuus om werkloos te zijn en te worstelen wanneer domain flipping slechts een paar uur per week vergt.

Uw niveau van toewijding zal een aanzienlijke invloed hebben op de hoeveelheid geld die u zult verdienen. Als u zich meer inspant, zult u meer verdienen.

27. PRODUCTLANCERING.

Als u een product hebt dat moet worden gelanceerd, of het nu een oud product is dat u overneemt of een gloednieuw product, kunt u het een waardig afscheid geven door de juiste procedures te volgen. Een product snel lanceren hoeft geen uitdaging te zijn, maar er is wel een strategie voor nodig.

Ten eerste moet u rekening houden met de toekomst. U moet ervoor zorgen dat persberichten, verhalen, beelden, enz. maanden van tevoren worden geschreven, gedekt en opgenomen. Zelfs als u kleine aanpassingen moet doen aan de informatie naarmate de deadline nadert, zal het grootste deel van de klus geklaard zijn.

Het beste zou zijn als u ook een plan had voor voortdurende promotie via blogs, forums, chatrooms, enz. Bereid ook alle gedrukte reclame en informatiepakketten twee weken van tevoren voor. Een paar dagen voor uw bevestigde productlancering bereidt u een persmap voor en legt u de laatste hand.

Vaak is een snelle productlancering een kwestie van planning.

Zorg ook voor een back-up plan voor elke promotie. Als uw product bijvoorbeeld in een winkelcentrum moet verschijnen, wees dan voorbereid met een reservedatum voor het geval het zijn doel mist. Soms gebeuren deze dingen buiten uw schuld om. Daarom moet u voorbereid zijn.

Zorg ervoor dat alle mediaplatforms worden gedekt tijdens de eerste lancering. Stuur voor de productie nieuwsberichten naar alle mediakanalen, maak vooraf radio- en televisiespots en zorg voor kant-en-klare printadvertenties als u een product snel wilt lanceren. Niets mag aan het toeval worden overgelaten.

28. LIDMAATSCHAPSWEBSITES.

Veel mensen geloven dat het ontwikkelen van een lidmaatschap website een enorme hoeveelheid moeite kost als je een "conventionele" lidmaatschap site maakt, ja.

Ze moeten:

* Een aanzienlijke inzet van tijd.

* Inhoud die voortdurend moet worden bijgewerkt.

* Dure en uitgebreide scripts.

* Forum moderatie.

Echter, als je een lidmaatschap site bouwt met een "vaste termijn," heb je deze verantwoordelijkheden niet.

Alles wat nodig is, is het volgende:

* Elke week wordt EEN artikel van 2-5 pagina's geproduceerd.

* Een autoresponder (als u lessen schrijft, laadt u ze in uw autoresponder, die uw lessen automatisch levert aan uw abonnees op de dagen die u bepaalt)

* Een systeem van terugkerende betalingen (zoals PayPal of ClickBank)

* Een vooraf bepaalde duur voor uw lidmaatschap (3, 6, 9 of 12 maanden)

En daarmee is de kous af!

Lidmaatschapssites met een vaste looptijd zijn de eenvoudigste en meest lucratieve manier om online een residueel inkomen te genereren. 2 tot 5 uur per week investeren is alles wat nodig is om een maandelijks inkomen op het internet te krijgen; zo eenvoudig is het.

Hier is hoe het werkt:

Een bezoeker van uw website schrijft zich in voor uw nieuwsbrief. Vervolgens voert hij zijn naam en e-mailadres in op een "capture page" die de gegevens naar uw autoresponder stuurt. Vervolgens stuurt uw autoresponder hen hun lessen per e-mail (meestal wekelijks of wanneer u maar wilt).

29. EERSTEKLAS PROGRAMMA'S.

Je hebt vast wel eens gehoord van de zwaargewichten, mensen die online zoveel geld verdienen dat ze de toestroom nauwelijks kunnen bijhouden. Ze zijn zeldzaam, maar ze hebben allemaal een geheim dat jij niet hebt.

Zij gebruiken top-tier programma's om aanzienlijke bedragen te genereren, die zij kunnen investeren in het promoten van lagere-tier programma's voor toekomstige winsten. Deze onfeilbare aanpak zal ervoor zorgen dat uw bedrijf twee keer zo snel of misschien wel drie keer zo snel groeit als dat van degenen die begrijpen hoe ze online inkomen moeten genereren.

Wat is een geavanceerd programma?

Een premier programma is een zakelijke mogelijkheid waarmee u onmiddellijk een aanzienlijk maandelijks inkomen kunt genereren. In tegenstelling tot MLM-mogelijkheden is het niet nodig om honderden mensen te werven voordat u online geld kunt verdienen.

Deze programma's hebben hoge initiële kosten, maar bieden een uitstekende waarde. Gewoonlijk ontvangt u enkele van de beste marketingtools en een persoonlijke mentor die u met zijn kennis en advies zal begeleiden op de weg naar succes. Er zijn geen andere trainingsprogramma's die superieure instructies bieden.

Functionaliteit van het programma.

Premium programma's hebben een hoge toegangsprijs. Dit kan diegenen ontmoedigen die niet vastbesloten zijn om te slagen in hun wens om online geld te verdienen, wat een andere reden kan zijn dat deze programma's een hoog slagingspercentage hebben.

Bij de meeste programma's verdient slechts ongeveer 3% van de mensen online geld, terwijl 97% faalt. Bij een top-programma zijn de cijfers echter omgekeerd: 97% van de mensen slaagt en genereert geld en slechts 3% faalt.

Er zijn slechts een paar verkopen nodig om de initiële investering terug te verdienen; daarna is alles winst. Topsystemen zijn gemakkelijk reproduceerbaar, en vrijwel iedereen kan binnen enkele dagen leren hoe het systeem werkt, dankzij hun effectieve marketing- en instructiestrategieën. Er is geen snellere of eenvoudigere methode.

Wie moet er een kiezen?

Als u geïnteresseerd bent, moet u een aanzienlijke initiële verbintenis aangaan. Een goed uitgangspunt is $2.000 tot $4.000 om ervoor te zorgen dat u genoeg hebt om in het programma in te kopen en uit te geven aan de eerste promotie om de eerste verkopen te genereren die nodig zijn om de machine draaiende te houden. Naast de initiële kosten zal ook tijd nodig zijn.

Meestal zijn vier dagen van 4 uur nodig voor training, leren en instellen. Daarna moet u tijd kunnen besteden. Het minimum is 1-2 uur per dag, vier dagen per week.

U moet meer toevoegen als u het proces echt wilt versnellen. Naast een telefoon- en internetverbinding moet u een onbeperkt interlokaal abonnement hebben, omdat u veel zult bellen. Als u aan deze voorwaarden voldoet, zult u snel online geld verdienen.

De voordelen voor u.

Als u aan de kwalificaties voldoet en gelooft dat een programma als dit bij u past, wordt u rijkelijk beloond. Als je het systeem hebt geperfectioneerd, heb je aanzienlijk meer vrije tijd en verdien je waarschijnlijk twee keer zoveel geld voor de helft van de inspanning.

Zelfs een bescheiden investering in een topprogramma zal vanaf de eerste maand een maandelijks inkomen van vijf cijfers opleveren. Als u gelukkig genoeg bent om tussen $3.000 en $4.000 te investeren, zult u vaak merken dat u wekelijks een inkomen van vijf cijfers verdient met minimale moeite.

30. ONLINE BEGELEIDING.

Je hebt drie opties: beroepsbijles, gespecialiseerde bijles en deeltijdbijles. Om u te helpen uw opties beter te begrijpen, vindt u hier wat extra uitleg over uw verschillende keuzes.

Vrijwillige bijlessen.

Zowel studenten als professionals zullen het aanpassingsvermogen dat deze artikelen bieden op prijs stellen. Echter, omdat ze parttime zijn, moet je eerst een baan bij een bedrijf of internetbedrijf veiligstellen en je erop voorbereiden. Dit kan een fantastische optie zijn als je op zoek bent naar een eenvoudige manier om extra geld te verdienen aan de zijkant.

Freelancen is ook een optie, maar het kan moeilijk zijn om transacties en onderhandelingen af te handelen als je bezig bent met een andere onderneming. Door u online in te huren, kunt u met minimale inspanning een regelmatige stroom van "studenten" krijgen.

Carrièrebegeleiding.

Met de recente stijging in populariteit van de online banenmarkt, zijn online bijlesbanen nu een haalbare carrière optie. Het mooie hiervan is dat er talloze manieren zijn om dit te bereiken.

U kunt werken als freelancer of een bedrijf oprichten dat deze diensten aanbiedt. Sommigen zullen aanvoeren dat dit niet in aanmerking komt als een online bijlesbaan, maar aangezien je waarschijnlijk begint met zelf les te geven, kan het nog steeds als zodanig worden beschouwd.

Bijles op maat.

Deze aanpak, misschien wel de meest gangbare van het stel, is tegenwoordig in verschillende vormen beschikbaar. Technisch gezien worden zelfs één-op-één "coaching"-diensten gekwalificeerd als gespecialiseerde bijlessen, omdat u als "gids" blijft werken en uw klant online instrueert.

Er zijn verschillende mogelijkheden om online geld te verdienen als je wat vrije tijd hebt. U kunt onderzoeken of u als online docent anderen kunt helpen met hun academische problemen. Uw inkomsten zullen bepalen hoe goed u presteert als tutor en hoeveel tijd en moeite u investeert.

De onderwerpen waarvoor de meeste bijlessen nodig zijn, zijn wetenschap (scheikunde en natuurkunde) en wiskunde (algebra). Er is zoveel vraag naar omdat er meer studenten zijn die zich voor deze vakken inschrijven. Jouw expertise op deze gebieden maakt online bijles een geweldige optie.

De beschikbare posities zijn te vinden op websites die reclame maken voor bijlesbanen. Op de website vindt u de vereiste kwalificaties en voorwaarden. Let bij het bekijken van de websites op de sollicitatieprocedure, die van site tot site verschilt.

De sollicitatie bevat waarschijnlijk een test en een manier om deze in te vullen. Solliciteer op zo veel mogelijk websites die adverteren voor onderwijsfuncties, om uw kans op succes te vergroten. U wordt geëvalueerd om er zeker van te zijn dat uw ervaring legitiem is. Zij zullen u informeren of uw aanmelding succesvol was.

Uw bijlesuren moeten worden vastgesteld, want de meeste bedrijven die bijlesgevers zoeken, willen een minimum aantal uren per week. Het is een minimale eis, hoewel het mogelijk is om meer te werken. Dit is geheel aan u, mits uw agenda het toelaat. De meeste werkgevers zullen uw wekelijkse uren beperken tot dertig.

Minstens één keer per maand krijg je een directe bankbetaling of een cheque per post. Die staat in verhouding tot het aantal gepresteerde uren. Tijdens de sollicitatieprocedure wordt de wijze van vergoeding beschreven. U moet een overeenkomst invullen voordat u aan het werk gaat.

Het bijlesbureau dat u in dienst neemt, levert u leerlingen. U krijgt ook het nodige materiaal om uw succes te verzekeren. Het garandeert de naleving van de protocollen. Als u vragen heeft, vraag dan uw bijlesgever om opheldering.

Met studenten van verschillende achtergronden en levensstijlen is online bijles geven bevredigend en spannend. Terwijl u bijles geeft, verdient u geld en ervaart u de opwinding van het helpen van een ander.

CONCLUSIE.

Zoals u al dan niet weet, is het starten van een bedrijf niet eenvoudig. Het vergt veel planning, waaronder een lokale marktanalyse, een locatie, wat personeel en een aanzienlijke hoeveelheid bedrijfsuitrusting.

Niet omdat u uw onderzoek niet hebt gedaan, maar omdat dat de aard van een bedrijf is; al deze benodigdheden leiden tot aanzienlijke uitgaven en een groot gevaar dat de dingen niet gaan zoals gepland.

Het spreekt vanzelf dat hoe groter de aandacht voor details en hoe uitgebreider de planning, hoe groter de kans op succes. In ieder geval zal zo'n conventioneel bedrijf u opzadelen met veel uitgaven die u minstens een jaar lang geen enkele dollar zullen laten verdienen.

Daarom is het, ook al is ondernemerschap de manier om te gaan, mogelijk om een winstgevend bedrijf te ontwikkelen en te exploiteren waarmee u genoeg geld kunt verdienen om comfortabel te leven zonder de stress van duizenden dollars die maanden of zelfs jaren op het spel staan.

Dus, wat is het antwoord op uw ondernemersdrang als u niet over het kapitaal beschikt of er niet te veel van wilt riskeren, maar toch snel geld wilt verdienen?

Begin een internetbedrijf, wat veel meer is dan verkopen op eBay of Amazon. Ik weet dat een eCommerce bedrijf lucratief kan zijn. Toch geef ik, na vele jaren online mijn brood te hebben verdiend, de voorkeur aan meer tijd- en kostenefficiënte oplossingen met een beter groeipotentieel op korte en lange termijn, te beginnen met relatief minimale input.

Internetmarketing is een duidelijk voorbeeld - hoewel niet het enige - van dit soort mogelijkheden, omdat het u in staat stelt een duurzame onderneming te ontwikkelen die in staat is duizenden dollars aan maandelijkse inkomsten te genereren zonder duizenden dollars te riskeren.

Internetmarketing gaat zeker meer over weten dan over investeren. Dus, terwijl een traditioneel bedrijf 60% kapitaalinvestering en 40% knowhow nodig heeft, zal een online bedrijf op basis van internetmarketing 5% kapitaalinvestering (voornamelijk in leermiddelen) en 95% knowhow nodig hebben.

Dit betekent dat u eerder tijd en moeite riskeert dan geld wanneer u online zaken doet via internet marketing of een andere methode waarmee u uw organisatie online kunt voeren.

Dit betekent echter niet dat u zich kunt veroorloven om verspillend te zijn, want uw tijd en moeite zijn even kostbare middelen (denk eraan, tijd is geld). Zelfs als u weinig of geen geld hebt, hebt u nu alles wat nodig is om een geweldig bedrijf te runnen, met de gemoedsrust dat u niets te verliezen hebt behalve een deel van uw energie, die een hernieuwbare bron is.

Daarom, als je online een bedrijf begint, heb je ruimte voor vallen en opstaan zonder angst om een fortuin te verliezen en het duidelijke voordeel dat veel online bedrijfsopties, zoals internet marketing, forex trading en aandelenhandel, bieden, namelijk de mogelijkheid om binnen enkele dagen na aanvang daadwerkelijke resultaten te boeken, ervan uitgaande dat je de juiste hulpmiddelen en middelen tot je beschikking hebt.

Managementvaardigheden voor managers.

1. Tijdmanagement voor managers
2. Werknemerscoaching voor managers
3. Teambuilding voor managers
4. Zelfvertrouwen voor managers
5. Onderhandelingsvaardigheden voor managers
6. Klantenservice vaardigheden voor managers
7. Assertiviteit voor managers
8. Zakelijke etiquette voor managers
9. Luistervaardigheden voor managers
10. Leiderschapsvaardigheden voor managers
11. Communicatievaardigheden voor managers
12. Presentatievaardigheden voor managers
13. Stressbeheersing voor managers
14. Besluitvorming voor managers
15. Conflictbeheersing voor managers.

Serie: Financiële vrijheid op elke leeftijd.

- Financiële vrijheid bereiken in de 20
- Financiële vrijheid bereiken in de 30
- Financiële Vrijheid bereiken in uw 40er jaren
- Het bereiken van financiële vrijheid in uw 50er jaren
- Het bereiken van financiële vrijheid in uw jaren 60
- Het bereiken van financiële vrijheid in uw 70er jaren en daarna.
- Het bereiken van financiële vrijheid bij kinderen
- Het bereiken van financiële vrijheid bij tieners
- Financiële Vrijheid bereiken bij studenten.
- Financiële oplichting om op te letten bij pensionering.

Serie: Persoonlijke financiën voor jou.
- ➢ Crypto kopen en verkopen voor beginners
- ➢ Waarom beleggen in dividendaandelen zinvol is.

Serie: Rijkdom 2022.

- ➢ Online ondernemen.
- ➢ Uw eigen bedrijf starten
- ➢ Vermogensbeheer
- ➢ Passief inkomen.
- ➢ 12 stappen om een eigen bedrijf te starten.

Serie: Uitstekende klantenservice.
- ➢ Uitstekende klantenservice in de detailhandel
- ➢ Uitstekende klantenservice in fastfood
- ➢ Uitstekende klantenservice in full-service restaurants
- ➢ Uitstekende klantenservice in het onderwijs
- ➢ Uitstekende klantenservice in onroerend goed.
- ➢ Uitstekende klantenservice in een callcenter
- ➢ Uitstekende klantenservice als receptionist
- ➢ Uitstekende klantenservice in een hotel
- ➢ Uitstekende klantenservice in de verkoop.
- ➢ Uitstekende klantenservice, ongeacht de situatie.

- Uitstekende klantenservice bij de tandarts
- Uitstekende klantenservice in een medisch kantoor.

Serie: Snel geld.

- Snel geld in een week
- Snel geld verdienen in een weekend
- Snel geld in een maand
- Snel geld voor studenten.

Serie: Hoe promoten.

- Hoe uw bedrijf bloeit tijdens een recessie
- Hoe uw receptenboek promoten
- Hoe uw kinderboek promoten.

Auteur Bio

D.K. Hawkins. D.K. leest graag persoonlijke zakelijke boeken en brengt graag tijd buiten door. Meer boeken zullen komen in deze collectie, dus volg op Amazon voor meer boeken.

Bedankt voor uw aankoop van dit boek.

Ik stel het echt op prijs en waardeer u, mijn uitstekende klant.

God zegene U.

D.K. Hawkins.

www.ingramcontent.com/pod-product-compliance
Lightning Source LLC
Chambersburg PA
CBHW070236220526
45465CB00004B/1434